손님 초대상 잘 차리게 해주세요

혼자 차리는 손님 초대 요리

요리 조소영

이 책을 보는 법

"소문난 잔치에 먹을 것 없다는 말처럼
가짓수만 많고 막상 따라 할 요리는 몇 안되는 요리책에 실망했다면
손끝 야무진 새댁이 차린 초대 밥상에 위로받으세요.
여기 재료비도 크게 들지 않고 따라 만들기 쉽고
폼 나는 한국인을 위한 밥상이 있으니까요."

1. 밥숟가락과 종이컵 계량법으로 계량하였습니다.

2. 대체 식재료를 표기하여 반드시 그 재료가 없어도 집에 있는 다른 재료를 활용할 수 있어 요리의 폭이 넓어집니다.

3. 책을 보면서 따라 하기 쉽도록 각각의 재료를 세로로 나열하였습니다.

4. 요리연구가가 터득한 노하우를 쿠킹 팁을 통해 공개합니다.

5. 요리를 만들면서 따라 하기 쉽도록 양념의 분량을 과정에서 다시 한 번 소개하였습니다.

6. 4개에서 6개를 넘지 않는 조리 과정으로 구성하였으며, 친절한 과정 사진이 모든 요리에 소개되어 누구나 쉽게 따라 할 수 있습니다.

contents

이 책을 보는 법 … 02
이 책의 계량법 밥숟가락&종이컵 계량법 … 04
요리의 기본 공식 재료 썰기의 정석 … 05
맛내기 공식 한번 익혀두면 평생 써먹는 기본 육수 내기 … 06
고수는 알고 있다 장만해두면 요긴하게 사용하는 요리 재료 … 08

Chapter 1 간단한 요깃거리

연어 오이롤 … 12
라이스페이퍼롤 … 13
새우 춘권피 롤튀김 … 14
모둠 꼬치구이 … 15
두 가지 브루스케타 … 16
비프 나초 … 17
토마토 카프레제 … 18
마리네이드 토마토 … 19
닭고기 잣소스 냉채 … 20
시저 샐러드 … 21
망고 드레싱 그린 샐러드 … 22
지중해식 샐러드 … 23
아보카도 마 샐러드 … 24
단호박 춘권피컵 카나페 … 25
토마토 해산물 수프 … 26
크램 차우더 … 27
호박범벅 … 28
기본 피클&연근 비트 피클 … 29

Chapter 2 메인 요리, 육류

닭 봉 간장조림 … 32
닭강정 … 33
파채 매운 깐풍기 … 34
유린기 … 35
찹쌀 탕수육 … 36
불고기 … 37
차돌박이구이와 참나물무침 … 38
쇠고기 편육과 콩나물 냉채 … 39
된장 소스 삼겹살구이 … 40
스모크 폭립구이 … 41
찹스테이크 … 42
미니 갈릭 스테이크 … 43
떡갈비 … 44
통삼겹살조림 … 45
샤브샤브 냉채 … 46
쇠고기 화이타 … 47

Chapter 3 메인 요리, 생선과 해산물

광어회 카르파치오 … 50
마늘 버터 소스 왕새우구이 … 51
칠리새우 … 52
크림새우 … 53
해파리냉채 … 54
매운 홍합찜 … 55
참치 다다키 … 56
데리야키 장어구이 … 57
관자구이와 파슬리 오일 … 58
해물 파전 … 59
해물 누룽지탕 … 60
중화풍 해산물볶음 … 61
미니 생선가스 볼 … 62
골뱅이무침 … 63

Chapter 4 메인 요리, 밥과 면

지라시 스시 … 66
연어 새싹채소 초밥 … 67
연근튀김을 얹은 쇠고기롤 … 68
아보카도 크랩롤 … 69
참치 회덮밥 … 70
비빔소면 … 71
들깨 닭 칼국수 … 72
쇠고기 볶음우동 … 73
미트볼 파스타 … 74
버섯 블루 치즈 크림 파스타 … 75

Chapter 5 디저트와 음료

단호박 꿀범벅 떡구이 … 78
마체도니아 … 79
팥조림을 얹은 심플 아이스크림 … 80
초간단 티라미수 … 81
유자와 요구르트 셔벗 … 82
오미자 화채 … 83
베리베리 스무디와 망고라씨 … 84
샹그리아 … 85
딸기 밀크 푸딩 … 86
Index … 87

이 책의 계량법

밥숟가락 & 종이컵 계량법

가루 재료 계량하기
소금, 설탕, 고춧가루, 후춧가루, 통깨…

 1은 밥숟가락으로 수북하게 떠서 위를 편평하게 깎은 양

 0.5는 밥숟가락 절반 정도의 양

 0.3은 밥숟가락 1/3 정도 담은 양

액체 재료 계량하기
간장, 식초, 맛술…

 1은 밥숟가락을 가득 채운 양

 0.5는 밥숟가락 절반 정도의 양

 0.3은 밥숟가락 1/3 정도 담은 양

장류 계량하기
고추장, 된장…

 1은 밥숟가락으로 수북하게 떠서 위를 편평하게 깎은 양

 0.5는 밥숟가락 절반 정도의 양

 0.3은 밥숟가락 1/3 정도 담은 양

종이컵으로 액체 재료 계량하기

 1컵은 종이컵에 가득 담은 양으로 200㎖에 조금 부족한 양

 1/2컵은 종이컵의 중간 지점에서 살짝 올라오도록 담은 양

기억해두세요!

다진 마늘 1개 = 0.5밥숟가락
다진 파 1/4대 = 2밥숟가락
다진 양파 1/4개 = 4밥숟가락

1.5는 한 숟가락 + 반 숟가락.
약간은 엄지와 검지로 소금이나 후춧가루를 집을 수 있는 정도의 소량. 약간이라 표기되어 있어도 입맛에 맞게 간을 조절하세요.

재료 썰기의 정석

요리의 기본은 재료를 잘 써는 것에서부터 시작하죠.
한번 익혀두면 요리가 수월해지는 요리의 기본 공식, 재료 써는 법을 소개합니다.

채 썰기
재료를 얄팍하게 썰어 한데 모아 채를 썬다.

연필 깎기
주로 우엉을 손질할 때 사용하는데 섬유질을 끊어 재료를 부드럽게 하기 위한 방법이다. 재료의 껍질을 벗겨 연필을 깎듯이 칼을 위에서 아래로 내려가며 깎는다.

대파 채 썰기
대파를 10cm 길이로 잘라 반을 가르고 심을 빼내고 채 썬다. 채를 썰어 찬물에 10분 이상 담가두었다가 체에 밭쳐 물기를 빼고 사용해야 아린 맛과 매운맛이 빠진다.

송송 썰기
모양을 살려 작은 크기로 썬다.

나박 썰기
가로, 세로 3~4cm 정도 크기로 얄팍하게 썬다.

다지기
재료를 얇게 썰어 가지런히 모아 채 썰고 다시 가로로 모아두고 잘게 썬다.

깍둑썰기
가로, 세로, 높이의 크기가 일정하도록 깍두기처럼 네모 모양으로 썬다.

양파 칼집 넣어 다지기
양파를 반으로 썰어 촘촘하게 칼집을 넣고 직각으로 잘게 썰면 양파를 다지기가 편리하다.

반달썰기
원형의 재료를 길이로 반 자르고 반달 모양이 되도록 한 번 더 썬다.

편 썰기
재료의 모양을 살려 납작하고 얇게 썬다. 저미기라고도 한다.

어슷 썰기
재료를 비스듬하게 썬다.

네 토막 썰기
재료를 5~6cm 길이로 토막 낸 다음 십자 모양으로 칼집을 넣어 자른다.

돌려깎기
재료의 껍질과 속을 분리해 써는 방법으로 재료에 칼집을 넣어 껍질을 벗기듯 돌려깎는다. 오이나 호박을 돌려깎기 할 때는 가운데 씨 부분을 제외하고 깎는다.

모서리 둥글리기
감자, 무, 당근 등 단단한 채소는 요리 시간이 오래 걸리는 찜 요리에 넣으면 부서지기 쉬우므로 적당한 크기로 썰어 모서리 부분을 동그랗게 깎아준다.

맛내기 공식

한번 익혀두면 평생 써먹는
기본 육수 내기

맛있는 요리의 소소한 비법은 바로 육수. 같은 요리라도
그냥 물로 만들 때보다 육수로 만들 때 깊은 감칠맛이 더해지겠죠.
맛내기 기본 공식인 육수 내는 법을 소개합니다.

다시마 육수

재료 다시마(5×5cm) 2장, 물 5컵

Tip 다시마는 육수를 내기 편한 크기로 자르거나 자른 것을 구입하면 사용하기가 편리해요. 다시마는 오래 끓이면 점액질이 나오고 텁텁해지므로 미리 물에 담가두었다가 끓이고 물이 끓으면 1분 정도 후에 꺼내세요. 남은 다시마는 버리지 말고 요리에 활용하세요.

❶ 다시마는 젖은 면포로 닦아낸다.
❷ 물 5컵에 다시마 2장을 넣고 30분 정도 담가 맛을 우린다.
❸ 냄비에 다시마와 다시마 우린 물을 붓고 약한 불에서 끓이다가 물이 끓으면 1~2분 더 끓이다가 다시마를 건지고 불을 끈다.

멸치 육수

재료 국물용 멸치 10~12마리, 물 5컵

Tip 멸치 대신 디포리(밴댕이)를 넣고 육수를 만들어도 좋아요.

❶ 국물용 멸치는 머리를 떼고 내장을 뺀다.
❷ 팬을 달구어 기름을 두르지 않고 멸치를 살짝 볶아 비린내를 날린다.
❸ 냄비에 멸치와 물 5컵을 붓고 중간 불에서 끓여 물이 끓으면 약한 불로 줄이고 8~10분 정도 끓이다가 멸치를 건지고 불을 끈다.

멸치 다시마 육수

재료 국물용 멸치 5~6마리, 다시마(5×5cm) 1장, 물 5컵

Tip 멸치를 육수에 활용할 때는 내장을 제거해야 쓰고 텁텁한 맛이 나지 않아요. 멸치, 새우 등 건어물은 기름을 두르지 않은 팬에 넣고 약한 불에서 타지 않게 1~2분 정도 살짝 볶아서 사용해야 비린내가 사라져요.

❶ 국물용 멸치는 머리를 떼고 내장을 빼고 팬을 달구어 기름을 두르지 않고 살짝 볶아 비린내를 날린다. ❷ 다시마는 젖은 행주로 닦는다. ❸ 냄비에 멸치, 다시마, 물 5컵을 붓고 30분 정도 담가 맛을 우려내고 중간 불에서 끓여 물이 끓으면 약한 불로 줄이고 1~2분 더 끓이다가 다시마를 먼저 건지고 8분 정도 더 끓이다가 멸치를 건지고 불을 끈다.

가다랑어포 육수

재료 다시마(5×5cm) 2장, 가다랑어포 2/3컵, 물 5컵

Tip 가다랑어포는 오래 끓이면 떫은맛과 쓴맛이 우러나니 미리 끓여둔 물에 넣고 5분 정도만 우려내면 충분해요.

❶ 다시마는 젖은 행주로 닦아낸다. 물 5컵과 다시마 2장을 넣고 30분 정도 담가 맛을 우려내고 냄비에 다시마와 다시마 우린 물을 붓고 약한 불에서 끓인다.
❷ 물이 끓으면 1~2분 더 끓이다가 다시마를 건지고 불을 끄고 가다랑어포를 넣고 5분 정도 우려낸다. ❸ ②를 고운체나 면포에 거른다.

쇠고기 육수

재료 쇠고기(양지 또는 사태) 200g, 양파 1/4개, 물 7컵

Tip 쇠고기 육수를 만들 때 양파, 대파, 마늘을 넣으면 누린내 제거에 도움이 되지만 기본 육수를 만들 때는 향신 채소를 너무 많이 넣지 마세요. 쇠고기 육수에 무를 넣으면 감칠맛과 담백한 맛이 더해져요.

❶ 쇠고기는 찬물에 30분 정도 담가 핏물을 뺀다. ❷ 냄비에 쇠고기, 양파, 물 7컵을 붓고 끓이는 도중 생기는 거품과 불순물은 걷어내며 센 불에서 끓인다. ❸ 물이 끓으면 약한 불로 줄이고 쇠고기가 익을 때까지 30분 정도 은근하게 끓여 육수가 식으면 고운체나 면포에 거른다.

닭고기 육수

재료 닭 다리 2개, 양파 1/4개, 물 7컵

Tip 닭 다리 대신 닭 가슴살이나 닭 안심을 삶은 물을 육수로 활용하거나 손질한 닭뼈를 모아두었다가 육수를 낼 때 활용해도 좋아요.

❶ 닭 다리는 칼집을 넣어 찬물에 15분 정도 담가 핏물을 뺀다. ❷ 냄비에 닭 다리, 양파, 물 7컵을 붓고 끓이는 도중 생기는 거품과 불순물은 걷어내며 센 불에서 끓인다. ❸ 물이 끓으면 약한 불로 줄이고 30분 정도 은근하게 끓여 육수가 식으면 고운체나 면포에 거른다.

해물 육수

재료 다시마(5×5cm) 1장, 마른 새우 8~10마리, 북어 대가리 1개, 표고버섯 밑동 2개, 물 7컵

Tip 북어 대가리, 표고버섯 밑동 등은 버리지 말고 냉동 보관했다가 육수를 낼 때 활용하세요. 육수가 필요한 어떤 요리와도 궁합이 잘 맞는 담백하고 시원한 감칠맛을 내는 천연조미료랍니다.

❶ 다시마는 젖은 행주로 닦아내고 마른 새우는 팬을 달구어 기름을 두르지 않고 살짝 볶아 비린내를 날린다. ❷ 냄비에 다시마, 마른 새우, 북어 대가리, 표고버섯 밑동, 물 7컵을 붓고 30분 정도 담가 맛을 우려내고 중간 불에서 끓인다. ❸ 물이 끓으면 약한 불로 줄이고 1~2분 더 끓이다가 다시마를 먼저 건져내고 20분 정도 끓여 육수가 식으면 고운체에 거른다.

채소 육수

재료 무 150g, 당근 50g, 배춧잎 2장, 양파 1/4개, 대파 1/4대, 표고버섯 밑동 2개, 물 7컵

Tip 사용하고 조금씩 남은 채소는 한데 모아두었다가 육수를 낼 때 활용하세요. 영양소가 가득 담긴 채소 육수는 수프나 죽을 끓이거나 찌개를 만들 때 육수로 활용하면 맛있어요.

❶ 무, 당근, 배춧잎, 양파, 대파는 적당한 크기로 자른다.
❷ 냄비에 채소와 표고버섯 밑동, 물 7컵을 붓고 중간 불에서 끓인다.
❸ 물이 끓으면 약한 불로 줄여 30분 정도 은근하게 끓이고 고운체에 거른다.

고수는 알고 있다

장만해두면 요긴하게
사용하는 요리 재료

냉장고에 몇 가지 요리 재료만 갖추어두면 요리 솜씨가 부족해도
손님 초대 요리에 맛과 멋을 더할 수 있어요. 여러 요리에 다용도로 활용 가능한,
시중에서 쉽게 만날 수 있는 몇 가지 요리 재료를 소개합니다.

 **굴소스** 생굴을 발효시켜 여러 양념을 첨가해 만든 소스로 굴 추출물이 얼마나 함유되었는지에 따라 일반과 프리미엄으로 나뉜다. 중국 요리에 가장 많이 활용하는 소스로 각종 중국 요리뿐만 아니라 볶음밥, 면 요리, 조림 등에 넣으면 고급스러운 감칠맛을 더한다.

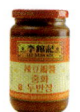 **두반장** 콩과 절인 고추, 여러 향신료를 넣고 발효시킨 소스로 맵고 짠맛이 강하며 특유의 향이 있다. 마파두부나 매운맛을 내는 요리에 사용하면 좋다.

 **해선장** 콩과 향신료를 섞어 만든 소스로 새콤하면서 달콤한 맛이 난다. 쌀국수 육수에 넣거나 건더기를 찍어 먹는 소스로 활용하거나 볶음밥 또는 볶음면, 구이 요리에 활용하면 고소하다.

 **홀스 래디시 소스** 홀스 래디시는 서양 고추냉이로 여기에 여러 재료를 가미해 만든 소스가 홀스 래디시 소스이다. 톡 쏘는 맛이 매력적인 홀스 래디시 소스는 연어 요리 말고도 각종 생선 요리 소스에 활용하거나 해산물이 들어간 샐러드 드레싱으로 활용할 수 있다.

 **스위트 칠리소스** 고추, 마늘, 설탕 등을 넣고 만든 새콤, 달콤, 매콤한 소스로 튀김이나 소시지, 닭고기, 새우 요리를 찍어 먹거나 월남쌈 소스로 활용할 수 있다.

 **데리야키 소스** 간장, 맛술, 청주, 식초, 향신료 등을 넣고 만든 소스로 스테이크, 바비큐, 생선 요리 또는 철판 요리, 볶음면 등 다양하게 활용할 수 있다.

 **바비큐 소스** 토마토 주스 농축액에 시럽, 겨자, 향신료, 히코리 향 등을 넣고 독특한 향이 나도록 걸쭉하게 만든 소스로 바비큐나 등갈비 요리를 할 때 소스를 덧발라가며 굽는 용도 또는 고기를 찍어 먹을 때 활용하면 좋다.

 **핫소스** 고추와 식초를 넣어 매콤하고 새콤하게 만든 소스로 맛과 향이 강해 소량만 사용한다. 피자나 파스타에 뿌려 먹거나 토마토 수프 등에 약간 넣으면 톡 쏘는 매콤한 맛이 살아난다.

 **피시 소스** 피시 소스는 멸치 등 생선을 소금에 절여 발효시켜 만든 액젓으로 각종 동남아 요리뿐만 아니라 월남쌈을 찍어 먹는 소스를 만들 때 활용할 수 있다.

 **스테이크 소스** 토마토 퓌레와 각종 향신료, 캐러멜 색소 등을 넣고 만든 소스로 스테이크나 로스구이를 찍어 먹거나 찹스테이크를 만들 때 활용할 수 있다.

 **씨 머스터드** 겨자씨가 함유된, 톡 쏘는 맛이 강한 머스터드로 새콤하고 씹히는 식감이 좋다. 육류 요리뿐만 아니라 각종 드레싱, 샌드위치 등을 만들 때 활용하면 좋다.

 **발사믹식초** 이탈리아어로 '향기가 좋다'는 뜻의 발사믹은 포도즙을 나무통에 넣고 숙성시킨 포도주 식초로 숙성 기간이 길수록 향기와 풍미가 좋아진다. 발사믹식초는 소스나 조림 요리 또는 엑스트라 버진 올리브오일, 소금, 후춧가루를 더해 샐러드 드레싱이나 빵을 찍어 먹는 용도로 활용하기도 한다.

 **발사믹 시럽** 발사믹식초에 농축 포도과즙, 캐러멜 색소 등을 넣고 걸쭉하게 졸인 시럽으로 육류 등의 요리에 섞어 활용하거나 샐러드 드레싱, 과일, 아이스크림 등 디저트 시럽으로 활용해도 좋다.

 **메이플시럽** 캐나다에서 주로 생산되는 메이플시럽은 사탕단풍나무의 수액을 채취해 끓여서 농축해 시럽으로 만든다. 특유의 풍미가 있어 팬케이크나 와플, 아이스크림, 과일에 뿌려 먹거나 제과·제빵에 주로 활용한다.

페페론치노 맵고 작은 고추를 말린 페페론치노는 적은 양으로도 매운맛을 내어 알리오 올리오 파스타나 매콤한 수프를 만들 때 사용하면 좋다.

안초비 멸치의 일종인 안초비를 소금에 절여 올리브오일에 담근 것으로 고소하면서도 담백하지만 맛이 강해 소량만 사용해도 된다. 안초비는 곱게 다져 시저 샐러드, 파스타, 피자, 드레싱을 만들 때 활용한다.

홀토마토 통조림 토마토를 끓는 물에서 껍질을 벗겨 통째로 토마토 주스에 넣어 절인 것으로 토마토소스를 만들 때 토마토 대신 활용하면 편리하고 감칠맛도 더할 수 있다. 사용하기 편리하게 작게 썰어 나온 제품도 있다.

케이퍼 케이퍼는 지중해 연안에서 자라는 꽃봉오리로 식초와 소금에 절여 먹는다. 시큼하면서도 상큼한 맛이 나고 요리의 맛을 돋워 연어 요리에는 빠지지 않는 재료다. 생선 요리 또는 샐러드, 파스타, 소스를 만들 때 활용한다.

올리브 올리브는 소금에 절인 상태로 구입할 수 있는데 그린 올리브는 애피타이저, 파스타나 샐러드에 주로 활용하고 블랙 올리브는 피자나 파스타, 빵을 만들 때 주로 활용한다.

가다랑어포 가다랑어의 살을 쪄서 건조하고 훈제하여 발효시키는 과정을 거쳐 대패로 얇게 밀어 만드는 가다랑어포는 육수에 활용하면 감칠맛을 더해준다. 특히 일본 요리를 만들 때 빠질 수 없는 재료로 볶음 우동, 오코노미야키, 타코야키 등에 사용된다.

춘권피 스프링 롤을 만들 때 사용한다.

쌀국수 버미셀리라고 하는 가는 쌀국수는 물에 불려 살짝 데쳐 월남쌈이나 스프링 롤, 샐러드 등에 활용하면 좋다. 중간 굵기의 쌀국수는 일반 국수 요리에 활용하고 1cm 굵기의 굵고 넓적한 쌀국수는 볶음용으로 적당하다.

찹쌀누룽지 누룽지탕을 만들 때 사용하는 찹쌀누룽지는 중국 요리 재료를 판매하는 곳에서 구입할 수 있는데 찹쌀로 밥을 지어 네모나게 만들어 살짝 눌러두었기 때문에 바삭하게 튀겨진다.

미니 타르트틀 미리 구워둔 타르트틀을 구입해 냉동 보관하면 제법 폼 나는 디저트를 빠르게 만들 수 있어 유용하다. 5~6cm 지름의 미니 타르트틀은 손님들이 하나씩 들고 먹기 편하고 모양도 예쁘다.

레몬즙 & 라임즙 레몬과 라임을 즙만 걸러둔 제품으로 각종 소스나 드레싱을 만들 때, 생선이나 육류를 재울 때, 주스나 디저트를 만들 때 편리하게 활용할 수 있다.

치킨스톡 닭과 향신료를 넣고 끓여 만든 스톡으로 간편하게 닭 육수를 만들 수 있다. 각종 중국 요리나 수프, 국물 요리를 만들 때 물에 넣고 녹여 사용하면 된다.

블루 치즈 푸른색 곰팡이가 대리석 무늬 형태를 띠고 있는 블루 치즈는 숙성되는 과정에서 독특한 맛과 자극적인 향을 품어낸다. 와인 안주로 먹거나 빵에 얹어 먹기도 하지만 소스나 파스타, 피자에 활용하면 깊은 맛을 더해준다. 로크포르 치즈와 고르곤졸라 치즈 등이 있다.

페타 치즈 그리스의 대표 치즈로 알려진 페타 치즈는 양의 젖으로 만드는 것이 원칙이나 우유로 만들기도 한다. 소금물에 담가두기 때문에 짠맛이 강하고 시큼하다. 그리스식 샐러드, 시금치 파이, 빵 등에 활용한다.

크림치즈 크림치즈는 빵에 발라 먹는 용도 외에도 간단한 디저트류나 타르트를 만들 때 활용할 수 있다.

파르메산 치즈 이탈리아 치즈인 파르메산 치즈는 '파르미자노 레자노'라고 불리는데 보통 2년 이상 숙성시켜 만든다. 단단하고 쉽게 부서져 분말 형태로도 판매하는데 덩어리째 구입해 필요할 때마다 즉석에서 필러나 치즈 전용 칼로 깎아서 사용하는 것이 더 맛있고 향이 좋다. 파스타나 피자, 리조토, 샐러드 등에 뿌려 먹는다.

생모차렐라 치즈 생모차렐라 치즈는 숙성 과정을 거치지 않아 연하고 신선하며 치즈 냄새가 없지만 쉽게 상하므로 빨리 소비해야 한다. 가열을 하면 늘어가는 성질이 있어 피자 치즈로 알려져 있으나 생으로 먹을 때는 샐러드, 샌드위치 등에도 활용한다.

향신료와 허브 파슬리, 바질, 오레가노, 타임, 너트메그, 커리 파우더 등 몇 가지 향신료 및 허브를 준비하면 요리에 어울리는 맛과 향을 더하거나 잡냄새를 제거하는 등 다용도로 활용할 수 있다.

바질 이탈리아 요리에 자주 활용하는 허브로 특히 토마토소스와 잘 어울린다. 토마토를 활용한 피자나 파스타, 그라탱 등에 잎만 따서 사용한다.

고수 코리앤더라고 불리는 고수는 동남아 요리에 반드시 필요한 허브로 독특한 향과 맛이 난다. 베트남 쌀국수나 볶음 국수에 넣어 먹는다.

민트 민트는 스피어민트, 페퍼민트, 애플민트 등 여러 종류가 있는데 상쾌하고 청량한 향과 개운한 맛을 전해줘 디저트나 음료에 자주 활용한다.

Chapter 1
간단한 요깃거리

연어 오이롤
라이스페이퍼롤
새우 춘권피 롤튀김
모둠 꼬치구이
두 가지 브루스케타
비프 나초
토마토 카프레제
마리네이드 토마토
닭고기 잣소스 냉채
시저 샐러드
망고 드레싱 그린 샐러드
지중해식 샐러드
아보카도 마 샐러드
단호박 춘권피컵 카나페
토마토 해산물 수프
크램 차우더
호박범벅
기본 피클&연근 비트 피클

01

연어 오이롤

4인분

요리 시간 30분

재료
훈제연어 슬라이스 2팩(400g)
오이 1개
양상추 1/3통
무순 적당량
케이퍼 2

양파 드레싱 재료
다진 양파 3
홀스 래디시 소스 2
마요네즈 2
씨 머스터드 1
꿀 1
레몬즙 1
소금·후춧가루 약간씩

대체 식재료
홀스 래디시 ▶ 고추냉이

🥄 Cooking Tip
마트 또는 백화점에서 '홀스 래디시'와 '홀스 래디시 소스'로 판매되는데 양파 드레싱에 활용한 것은 '홀스 래디시 소스'로 서양 고추냉이라고도 불리는 기본 홀스 래디시에 여러 양념이 가미됐어요. 매콤한 '홀스 래디시'를 사용한다면 분량을 줄이고 마요네즈와 꿀을 더 넣으세요.

1 훈제연어는 해동하고 오이는 필러로 길게 벗겨낸다.

2 양상추는 흐르는 물에 씻어 한입 크기로 뜯어 찬물에 담가두었다가 먹기 직전에 물기를 빼고 무순도 찬물에 담가 둔다.

3 다진 양파 3, 홀스 래디시 소스 2, 마요네즈 2, 씨 머스터드 1, 꿀 1, 레몬즙 1, 소금과 후춧가루 약간씩을 섞어 양파 드레싱을 만든다.

4 훈제연어 위에 오이를 깔고 무순을 얹은 다음 돌돌 말아 양상추 위에 올리고 양파 드레싱을 끼얹고 케이퍼를 두어 개씩 올린다.

02

1 끓는 물에 청주 1과 소금 약간을 넣고 닭고기를 10분 정도 삶은 다음 불을 끄고 남은 열로 닭고기를 익혀 꺼내어 한 김 식히고 적당한 크기로 찢어 젖은 면포로 덮어둔다. 쌀국수는 끓는 물에 3~4분 정도 삶아 체에 밭친다.

2 당근과 적양배추는 채 썰고 오이는 돌려깎기해 씨를 제거하고 채 썬다.

3 다진 마늘 0.5, 다진 풋고추 2, 다진 홍고추 1, 피시 소스 2, 올리고당 0.5, 식초 1.5, 라임즙 0.5, 물 4를 섞어 피시 소스를 만든다.

4 라이스페이퍼는 미지근한 물에 잠시 담갔다가 부드러워지면 꺼내 물기를 빼고 닭 가슴살, 쌀국수, 당근, 오이, 적양배추를 넣고 돌돌 말아 먹기 좋은 크기로 썰고 피시 소스를 곁들인다.

라이스 페이퍼롤

4인분

요리 시간 40분

재료
닭 가슴살 3조각
청주 1
소금 약간
쌀국수(버미셀리) 100g
당근 1/2개
적양배추 1/6통
오이 1개
라이스페이퍼 10장

소스 재료
다진 마늘 0.5
다진 풋고추 2
다진 홍고추 1
피시 소스 2
올리고당 0.5
식초 1.5
라임즙 0.5
물 4

대체 식재료
라임즙 ▶ 레몬즙

Cooking Tip
동남아 요리에 자주 등장하는 피시 소스는 해산물에 소금을 넣고 발효시켜 액체만 걸러낸 소스로 멸치액젓과 비슷해요. 라이스페이퍼롤을 만들 때에는 가장 면발이 얇은 버미셀리를 사용하세요.

03

4인분

요리 시간 40분

재료
새우살 200g
피망 2/3개
양파 1/2개
숙주 40g
식용유 적당량
굴소스 1
설탕 약간
소금·후춧가루 약간씩
춘권피 15장
밀가루풀 2(밀가루 1+물 1.5)
튀김기름 적당량
스위트 칠리소스 적당량

새우 밑간 재료
청주 1
소금·후춧가루 약간씩

대체 식재료
춘권피 ▶ 만두피
새우 ▶ 돼지고기

🥄 **Cooking Tip**
소 재료로 새우 대신 바나나, 단호박 등을 넣어 튀겨도 맛있어요. 새우는 굵직하게 다져야 씹히는 식감이 좋아요.

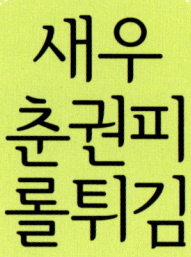

새우 춘권피 롤튀김

1
새우살은 굵직하게 다져 청주 1, 소금과 후춧가루 약간씩을 넣어 밑간하고 피망과 양파는 곱게 다지고 숙주는 꼬리를 떼어 다진다.

2
팬을 달구어 식용유를 두르고 양파를 넣고 살짝 볶다가 새우를 넣고 볶다가 피망과 숙주를 넣고 볶다가 새우가 익으면 굴소스 1, 설탕과 소금, 후춧가루 약간씩을 넣어 간한다.

3
춘권피는 해동하여 한 장씩 떼어 ②를 적당히 올리고 끝 부분에 밀가루풀을 바르고 돌돌 만다.

4
180℃의 튀김기름에 새우 춘권피롤을 노릇하게 튀겨 여분의 기름을 빼고 스위트 칠리소스를 곁들인다.

04

모둠 꼬치구이

4인분

요리 시간 30분

재료
은행 18알
식용유 적당량
소금 약간
아스파라거스 6대
마늘 12쪽
베이컨 6줄
열빙어 8마리

깨소금 재료
통깨 1
소금 1

대체 식재료
아스파라거스 ▶ 마늘종

🥄 **Cooking Tip**
식사 전후에 간단한 술안주로 내놓으면 좋은 메뉴예요. 각각의 재료가 식으면 맛이 없고 딱딱해지니 미리 밑 손질만 해두고 손님이 오기 전에 바로 구워 상에 내놓으세요. 열빙어는 시샤모란 이름으로 판매되기도 해요.

1
팬을 달구어 식용유를 두르고 은행을 넣고 볶다가 소금을 약간 뿌리고 껍질이 벗겨지면 키친타월에 얹어 비벼가며 껍질을 벗긴다. 아스파라거스는 필러로 껍질을 한 겹 벗긴 다음 끓는 소금물에 살짝 데쳐 5cm 길이로 썬다.

2
마늘은 끓는 소금물에 3~4분 정도 익혀 물기를 빼고 달군 팬에 식용유를 두르고 굴려가며 노릇하게 굽다가 소금을 뿌린다. 베이컨은 반으로 잘라 아스파라거스를 2개씩 넣고 돌돌 말아 달군 팬에 노릇하게 굽는다.

3
열빙어는 해동하여 식용유를 두른 팬에 노릇하게 굽다가 소금을 뿌린다.

4
꼬치에 마늘 2쪽, 은행 3알, 아스파라거스 베이컨말이 2개를 꿰고, 열빙어도 꼬치에 꿰어 접시에 골고루 담고 통깨 1과 소금 1을 섞어 곁들인다.

05

두 가지 브루스케타

4인분

요리 시간 1시간 20분

파프리카 브루스케타 재료
빨강 파프리카 1개
노랑 파프리카 1개
바게트 1/2개
마늘 2쪽
올리브오일 2
다진 양파 2
엑스트라 버진 올리브오일 1.5
화이트 와인 비네거 1
설탕 0.5
소금·후춧가루 약간씩

브리 치즈 브루스케타 재료
사과 1/2개
설탕물 적당량
브리 치즈 1팩
바게트 1/2개
크림치즈 2
꿀 2

대체 식재료
브리 치즈 ▶ 카망베르 치즈
바게트 ▶ 비스킷

Cooking Tip
파프리카는 오븐에 새까맣게 굽거나 꼬치에 꿰어 불에 직접 그을려 껍질을 벗겨 사용하세요.

[파프리카 브루스케타 만들기]

1
오븐팬에 빨강 파프리카와 노랑 파프리카를 놓고 올리브오일 2를 뿌려 200℃로 예열한 오븐에서 1시간 정도 새까맣게 구워 얼음물에 담가 껍질을 벗겨 씨를 제거하고 잘게 채 썬다.

2
바게트는 노릇하게 구워 마늘을 문질러 마늘 향을 내고 파프리카에 다진 양파 2, 엑스트라 버진 올리브오일 1.5, 화이트 와인 비네거 1, 설탕 0.5, 소금과 후춧가루 약간씩을 섞어 바게트에 올린다.

[브리 치즈 브루스케타 만들기]

1
사과는 껍질째 깨끗이 씻어 얇게 썰어 설탕물에 담그고 브리 치즈는 웨지 모양으로 썬다.

2
바게트는 노릇하게 구워 크림치즈를 바르고 사과와 브리 치즈를 얹고 꿀을 약간씩 뿌린다.

06

1
다진 쇠고기는 핏물을 빼서 소금과 후춧가루로 밑간하고 키드니빈스는 물기를 빼고 끓는 물을 끼얹는다. 토마토는 씨를 빼고 1cm 두께로 썰어 소금을 약간 뿌리고 슬라이스 치즈는 잘게 썰고 할라피뇨는 다지고 실파는 송송 썬다.

2
팬을 달구어 올리브오일 2를 두르고 쇠고기를 넣고 젓가락으로 흐트러뜨리며 1~2분 볶다가 키드니빈스를 넣어 으깨고 설탕 1과 핫소스 1.5를 넣고 버무리듯 볶아 소금과 후춧가루로 간한다.

3
그릇에 나초를 담고 쇠고기 키드니빈스볶음, 토마토, 할라피뇨, 슬라이스 치즈를 얹고 올리브오일 2를 골고루 뿌린다.

4
180℃로 예열한 오븐에서 치즈가 녹을 때까지 10분 정도 굽거나 전자레인지에 넣어 치즈를 녹인 다음 사워크림을 적당량 올리고 실파를 뿌리고 살사소스를 곁들인다.

비프 나초

4인분

요리 시간 40분

재료
다진 쇠고기 200g
소금·후춧가루 약간씩
키드니빈스 2/3컵
토마토 1개
슬라이스 치즈 4장
할라피뇨 슬라이스 12쪽
실파(잎 부분) 2대
올리브오일 4
설탕 1
핫소스 1.5
나초 200g

곁들임 딥 재료
사워크림 적당량
살사소스 적당량

대체 식재료
키드니빈스 ▶ 완두콩, 베이크드빈스 등 통조림 콩, 삶은 강낭콩

Cooking Tip
간단하면서도 인기가 많은 술안주 메뉴예요. 베이컨 칩을 뿌리고 모차렐라 치즈를 잔뜩 얹어 구워도 맛있어요. 키드니빈스는 신체의 일부인 신장(Kidney)을 닮았다고 해서 이름 붙여진 붉은 강낭콩으로 통조림 제품을 구입할 수 있어요.

07

토마토 카프레제

4인분

요리 시간 15분

재료
토마토 2개
소금 약간
생모차렐라 치즈 1팩
바질 잎 5장

발사믹 드레싱 재료
다진 양파 3
엑스트라 버진 올리브오일 2
발사믹식초 1.5
꿀 0.3
소금·후춧가루 약간씩

🥄 Cooking Tip
토마토는 모양이 일정한 가운데 부분을 사용하고 생모차렐라 치즈는 손으로 모양을 동그랗게 잡아준 다음 썰어야 예뻐요.

1
토마토는 1cm 두께로 두툼하게 썰어 키친타월에 얹어 물기를 빼고 소금을 약간 뿌린다.

2
생모차렐라 치즈는 토마토보다 얇게 썰고 바질 잎은 채 썰어 찬물에 담가둔다.

3
다진 양파 3, 엑스트라 버진 올리브오일 2, 발사믹식초 1.5, 꿀 0.3, 소금과 후춧가루 약간씩을 섞어 냉장고에 미리 넣어둔다.

4
접시에 토마토와 모차렐라 치즈를 번갈아 담고 먹기 직전에 드레싱을 끼얹고 바질 잎을 뿌린다.

08

1
방울토마토는 끓는 물에 10초 정도 살짝 데쳐 찬물에 헹궈 껍질을 벗긴다.

2
피망, 양파, 바질 잎은 다진다.

3
볼에 식초 4, 설탕 0.5, 소금과 후춧가루 약간씩을 넣고 올리브오일 6을 조금씩 넣어가며 젓다가 피망, 양파, 바질을 넣고 섞는다.

4
토마토를 넣고 살짝 버무린다.

마리네이드 토마토

4인분

요리 시간 20분

재료
방울토마토 40개
피망 2/3개
양파 1/3개
바질 잎 5장

마리네이드 드레싱 재료
식초 4
설탕 0.5
소금·후춧가루 약간씩
엑스트라 버진 올리브오일 6

Cooking Tip
새콤달콤한 곁들임 메뉴로 다른 요리를 준비하고 있을 때 내놓으면 손님들이 가볍게 먹기에 좋아요. 냉장고에 넣어 차게 두었다가 샐러드용으로 먹어도 좋고 구운 빵 위에 얹어 먹어도 맛있고 와인 안주로 내놓아도 손색이 없어요.

닭고기 잣소스 냉채

4인분

요리 시간 40분

재료
닭 가슴살 3조각(300g)
청주 1.5
소금 약간
당근 1/4개
양파 1/2개
깻잎 10장
달걀 1개

잣 소스 재료
잣 60g
다진 마늘 0.5
식초 2
올리고당 3
소금 0.3
우유 4

🥄 **Cooking Tip**
닭고기 잣 소스 냉채는 소스가 모자라지 않은 듯 버무려야 간이 맞아요.

1
끓는 물에 청주 1.5, 소금 약간, 닭 가슴살을 넣어 10분 정도 삶은 다음 불을 끄고 10분 정도 남은 열로 닭고기를 익혀 꺼내어 한 김 식히고 적당한 크기로 찢어 퍽퍽해지지 않도록 젖은 면포로 덮어둔다.

2
당근과 양파는 5cm 길이로 채 썰고 깻잎은 돌돌 말아 곱게 채 썰고 양파와 깻잎은 각각 찬물에 담가두었다가 버무리기 직전에 물기를 뺀다.

3
달걀은 지단을 부쳐 곱게 채 썰고 믹서에 잣 60g, 다진 마늘 0.5, 식초 2, 올리고당 3, 소금 0.3, 우유 4를 넣고 곱게 갈아 잣 소스를 만든다.

4
접시에 깻잎채를 깔고 닭 가슴살, 당근, 양파를 잣 소스에 버무려 담고 달걀지단을 올린다.

10

1
식빵은 마늘을 문질러 향을 낸 다음 팬을 달구어 올리브오일 2를 두르고 노릇하게 구워 가로, 세로 1cm 크기로 자른다.

2
베이컨은 노릇하게 구워 잘게 썰고 파르메산 치즈는 필러로 깎고 드레싱 재료인 안초비는 곱게 다진다.

3
볼에 다진 안초비, 달걀노른자 1개, 다진 마늘 2, 디종 머스터드 0.5, 올리고당 0.3, 레몬즙 1, 후춧가루 약간을 넣고 올리브오일 1/3컵을 조금씩 부어가며 골고루 섞는다.

4
로메인 레터스는 깨끗이 씻어 물기를 제거해 한입 크기로 뜯고 드레싱에 버무려 그릇에 담고 베이컨 칩, 파르메산 치즈, 식빵을 적당량 얹는다.

시저 샐러드

4인분

요리 시간 30분

재료
식빵 1장
마늘 1쪽
올리브오일 2
베이컨 3줄
파르메산 치즈 30g
로메인 레터스 3포기

시저 드레싱 재료
안초비 4마리
달걀노른자 1개
다진 마늘 2
디종 머스터드 0.5
올리고당 0.3
레몬즙 1
후춧가루 약간
엑스트라 버진 올리브오일 1/3컵

대체 식재료
로메인 레터스 ▶ 샐러드 채소

Cooking Tip
보통 시저 드레싱은 단맛을 가미하지 않지만 색다른 음식에 익숙하지 않은 손님 입맛을 고려해 단맛을 조금 추가하면 좋아요.

11

망고 드레싱 그린 샐러드

4인분

요리 시간 30분

재료
양상추 1/4통
샐러드 채소 200g
적양파 1/2개
망고 1개
방울토마토 8개
만두피 3장
튀김기름 적당량

망고 드레싱 재료
망고 100g
꿀 2
화이트 와인 비네거 2
레몬즙 1
포도씨오일 3
소금 약간

대체 식재료
화이트 와인 비네거 ▶ 과일식초

🥄 Cooking Tip
흔한 그린 샐러드가 지겨울 때 이국적인 분위기를 내는 새콤달콤한 맛의 샐러드예요. 망고는 씨를 피해 껍질째 길게 썰어 바둑판 모양으로 칼집을 내고 들어 올려 칼로 과육을 잘 발라 사용하세요.

1
양상추와 샐러드 채소는 깨끗하게 씻어 먹기 좋은 크기로 썰고 적양파는 링 모양으로 썰어 얼음물에 담가두었다가 먹기 직전에 물기를 빼고 망고는 가로, 세로 1.5cm 크기로 썰고 방울토마토는 반으로 자른다.

2
만두피는 채 썰어 튀김기름에 노릇하게 튀긴다.

3
믹서에 망고, 꿀 2, 화이트 와인 비네거 2, 레몬즙 1, 포도씨오일 3, 소금 약간을 넣어 곱게 간다.

4
접시에 양상추, 샐러드 채소, 적양파, 망고, 방울토마토를 담고 드레싱을 뿌린 다음 만두피를 올린다.

12

1
페타 치즈는 가로, 세로 1.5cm 크기로 썰고 토마토는 8등분 하고 오이는 껍질을 살짝 벗겨 동그랗게 썰고 그린 올리브는 그대로 쓰고 블랙 올리브는 링 모양을 살려 4등분한다.

2
양상추와 치커리는 먹기 좋은 크기로 손으로 뜯고 적양파는 링 모양으로 얇게 썰어 각각 찬물에 담가둔다.

3
엑스트라 버진 올리브오일 3, 발사믹식초 1.5, 씨 머스터드 0.5, 꿀 1, 소금과 후춧가루 약간씩을 섞어 드레싱을 만든다.

4
접시에 채소를 담고 페타 치즈와 올리브를 얹고 먹기 직전에 드레싱을 적당량 끼얹는다.

지중해식 샐러드

4인분

요리 시간 25분

재료
페타 치즈 100g
토마토 2개
오이 1개
그린 올리브 12개
블랙 올리브 6개
양상추 1/2통
치커리 10줄기
적양파 1/2개

발사믹 머스터드 드레싱 재료
엑스트라 버진 올리브오일 3
발사믹식초 1.5
씨 머스터드 0.5
꿀 1
소금·후춧가루 약간씩

Cooking Tip
양이나 염소 젖으로 만든 페타 치즈는 짭조름한 맛이 나고 담백해서 샐러드와 잘 어울려요. 보통 지중해식 샐러드 드레싱처럼 올리브오일에 소금과 후춧가루만 더해 샐러드에 뿌려 먹어도 좋지만 발사믹식초, 머스터드, 꿀을 더 넣으면 풍부한 맛이 나요.

13

아보카도 마 샐러드

4인분

요리 시간 30분

재료
아보카도 1개
레몬즙 1
마 150g
참치 1/2조각
소금·후춧가루 약간씩
구운 김 1/4장

드레싱 재료
배즙 2
간장 1.5
고추냉이 0.3
올리고당 0.5
참기름 1.5
깨소금 0.5

Cooking Tip
아보카도는 껍질이 초록색에서 검은 색으로 변한, 적당히 익은 것으로 사용해야 부드럽게 먹을 수 있는데 숙성이 덜 되었다면 실온에 2~3일 두었다가 사용하세요.
아보카도를 구하기 어렵다면 마와 참치만 넣고 만들어도 맛있어요. 톡 쏘는 매콤한 맛을 좋아하면 고추냉이를 더 넣으세요.

1
아보카도는 적당히 익은 것으로 골라 칼집을 넣고 손으로 비틀어 돌려 빼낸 다음 껍질을 벗겨 가로, 세로 1.5cm 크기로 썰어 레몬즙을 뿌리고 마는 껍질을 벗겨 아보카도 크기로 썬다.

2
참치는 미지근한 소금물에 5분 정도 담가 해동하여 면포로 감싸 냉장 보관한 다음 가로, 세로 1.5cm 크기로 썰어 소금과 후춧가루로 밑간하고 구운 김은 잘게 자른다.

3
볼에 아보카도, 마, 참치를 담고 배즙 2, 간장 1.5, 고추냉이 0.3, 올리고당 0.5, 참기름 1.5, 깨소금 0.5를 섞어 넣고 버무린다.

4
그릇에 담고 구운 김을 올린다.

14

1
춘권피는 4등분하여 식용유를 살짝 바른 머핀 틀에 한 장씩 담고 180℃로 예열한 오븐에서 10분 정도 굽는다.

2
단호박은 푹 쪄서 뜨거울 때 으깬다.

3
단호박에 마요네즈 2, 설탕 1, 아몬드 슬라이스 10g, 계핏가루와 소금을 약간씩 넣고 섞어 단호박 샐러드를 만든다.

4
춘권피컵에 단호박 샐러드를 담고 호박씨를 뿌린다.

단호박 춘권피컵 카나페

4인분

요리 시간 40분

재료
춘권피 6장
식용유 2
호박씨 1

단호박 샐러드 재료
단호박 200g
마요네즈 2
설탕 1
아몬드 슬라이스 10g
계핏가루 약간
소금 약간

대체 식재료
단호박 ▶ 고구마

Cooking Tip
춘권피를 구하기 어렵다면 만두피나 토르티야로 컵을 만들어도 돼요.

15 토마토 해산물 수프

4인분

요리 시간 1시간

재료
칵테일새우 16마리
모시조개 12개
소금 약간
베이컨 3줄
양파(작은 것) 1개
무 70g
당근 50g
셀러리 40g
마늘 3쪽
토마토 1개

드레싱 재료
올리브오일 3
화이트 와인 4
홀토마토 통조림 1통
육수 3컵
핫소스 1.5
설탕 0.3
파슬리가루 약간
소금·후춧가루 약간씩

새우 밑간 재료
청주 1
레몬즙 0.5
소금·후춧가루 약간씩

대체 식재료
모시조개 ▶ 바지락, 홍합

Cooking Tip
육수로는 야채스톡이나 치킨스톡처럼 큐브나 가루 형태로 된 것을 사용하면 편리해요. 핫소스를 약간 넣으면 매콤하면서도 새콤한 맛이 나 맛있어요.

1
칵테일새우는 씻어 물기를 빼고 청주 1, 레몬즙 0.5, 소금과 후춧가루 약간씩을 넣어 밑간하고 모시조개는 옅은 소금물에 담가 30분 이상 어두운 곳에 두어 해감한다.

2
베이컨, 양파, 무, 당근은 1.5cm 두께로 썰고 셀러리는 필러로 딱딱한 섬유질을 한 겹 벗긴 다음 송송 썰고 마늘은 편으로 썬다.

3
토마토는 끓는 물에 데쳐 껍질을 벗기고 씨를 빼서 다진다.

4
팬을 달구어 올리브오일을 두르고 마늘과 양파를 넣어 노릇해질 때까지 볶다가 베이컨을 넣고 바삭해질 때까지 볶는다. 새우, 조개를 넣고 끓이다가 화이트 와인을 넣고 조개가 입을 벌릴 때까지 중간 불에서 뚜껑을 덮고 끓인다.

5
조개가 익으면 새우와 조개는 건지고 홀토마토와 국물을 붓고 으깬 다음 토마토, 육수 3컵, 무, 당근, 셀러리를 넣고 중간에 생기는 거품은 걷어가며 약한 불에서 20분 정도 끓인다.

6
재료가 잘 어우러지고 채소가 익으면 새우와 조개를 넣고 핫소스 1.5와 설탕 0.3을 넣고 3분 정도 끓이다가 파슬리가루를 약간 뿌리고 소금과 후춧가루로 간한다.

1
바지락은 옅은 소금물에 담가 30분 이상 해감하고 감자는 가로, 세로 1cm 크기로 썰어 찬물에 담가둔다. 양파는 다지고 셀러리는 섬유질을 한 겹 벗긴 다음 다지고 베이컨은 잘게 다져 팬에 바삭하게 구워 기름기를 뺀다.

2
바지락은 삶아 입을 벌리면 건져 장식용으로 몇 개만 빼고 살을 발라놓고 육수는 체에 걸러 2컵 정도 준비한다.

3
냄비에 버터를 녹여 양파를 넣고 볶아 양파가 익으면 셀러리를 넣고 1~2분 정도 볶다가 밀가루를 넣고 볶는다.

4
육수를 조금씩 나눠 부어 덩어리를 풀다가 감자와 우유를 넣어 약한 불에서 끓여 감자가 익으면 바지락살과 생크림을 넣고 걸쭉해질 때까지 끓인다. 소금과 후춧가루로 간하고 먹기 직전에 파슬리가루와 베이컨 칩을 뿌린다.

크램 차우더

4인분

요리 시간 40분
(바지락 해감하는 시간 30분)

재료
바지락 2봉(400g)
감자 1개
양파 1/2개
셀러리 50g
베이컨 2줄
버터 40g
밀가루 8(40g)
조개 육수 2컵
우유 1컵+1/2컵
생크림 1/2컵
소금·후춧가루 약간씩
파슬리가루 약간

대체 식재료
바지락 ▶ 대합, 모시조개

🥄 **Cooking Tip**
걸쭉한 농도를 원하면 우유의 양을 줄이고 생크림을 더 넣으세요. 대구 살을 작게 썰어 넣어도 맛있어요.

17 호박범벅

4인분

요리 시간 1시간 30분

재료
단호박 1/2통
강낭콩 1/2컵
팥 1/4컵
물 5컵
찹쌀가루 1/2컵
설탕 3
소금 약간

대체 식재료
단호박 ▶ 늙은 호박
강낭콩 ▶ 옥수수, 고구마

Cooking Tip
곡물가루를 풀처럼 쑨 죽을 일컫는 범벅은 찹쌀가루를 흩뿌리듯이 넣고 뭉치지 않도록 잘 풀어주는 것이 중요해요. 호박범벅에는 새알심을 넣어도 맛있어요. 새알심은 찹쌀가루와 멥쌀가루를 2:1로 섞어 소금을 약간 넣어 간하고 뜨거운 물을 조금씩 넣어 익반죽해서 1.5~2cm 크기로 동그랗게 빚으세요.

1 단호박은 껍질을 벗겨 적당한 크기로 썰고 강낭콩은 물에 불려 10분 정도 삶는다. 팥은 팥이 잠길 정도로 물을 붓고 끓이다가 첫물은 버리고 다시 물을 넉넉하게 붓고 푹 무르게 50분 정도 삶는다.

2 냄비에 단호박과 물 5컵을 넣고 15분 이상 푹 무르게 삶는다.

3 익힌 단호박은 뜨거울 때 체에 내려서 다시 단호박을 삶은 물에 붓고 끓인다.

4 강낭콩을 넣고 끓인다.

5 물이 끓으면 찹쌀가루를 흩뿌리듯이 넣고 뭉치지 않도록 잘 풀어준다.

6 삶은 팥을 넣고 5분 정도 끓이다가 걸쭉해지면 설탕 3과 소금 약간을 넣는다.

1
오이, 당근, 무는 5cm 길이로 썰어 오이의 씨 부분을 제거하고 용기에 담는다.

2
연근과 비트는 얇게 썰어 용기에 담는다.

3
냄비에 물 2컵, 식초 1컵+1/2컵, 설탕 1컵+1/2컵, 소금 4, 피클링 스파이스 2를 넣고 팔팔 끓인다.

4
피클 단촛물이 뜨거울 때 기본 피클과 연근 비트 피클을 담은 용기에 각각 붓고 한 김 식으면 냉장 보관한다.

기본 피클 & 연근 비트 피클

4인분

요리 시간 20분

기본 피클 재료
오이 2개
당근 1/2개
무 100g

연근 비트 피클 재료
연근 1개
비트 50g

피클 단촛물 재료
물 2컵
식초 1컵+1/2컵
설탕 1컵+1/2컵
소금 4
피클링 스파이스 2

Cooking Tip
피클 국물이 뜨거울 때 재료에 부어야 피클이 금방 무르지 않아요. 피클을 담는 유리 용기는 끓는 물에 열탕 소독하여 사용하세요.
비트를 자를 때는 도마에 종이포일을 깔고 잘라야 도마에 물이 들지 않아요.

Chapter 2
메인요리, 육류

닭 봉 간장조림
닭강정
파채 매운 깐풍기
유린기
찹쌀 탕수육
불고기
차돌박이구이와 참나물무침
쇠고기 편육과 콩나물 냉채
된장 소스 삼겹살구이
스모크 폭립구이
찹스테이크
미니 갈릭 스테이크
떡갈비
통삼겹살조림
샤브샤브 냉채
쇠고기 화이타

19 닭 봉 간장조림

4인분

요리 시간 1시간

재료
닭 봉 12개
견과류 1/2컵
(피스타치오·호두·아몬드 등)
녹말가루 5
튀김기름 적당량

닭 봉 밑간 재료
청주 2
소금·후춧가루 약간씩

소스 재료
간장 3
설탕 1
물엿 3
식초 3
청주 1
맛술 1
레몬즙 0.3
물 1/3컵

대체 식재료
닭 봉 ▶ 닭 날개, 등갈비

Cooking Tip
뼈가 있는 육류는 두 번 튀겨야 속까지 잘 익지만 닭 봉 간장조림은 조림장에 넣고 조리므로 튀길 때 속까지 완전히 익히지 않아도 돼요. 견과류는 한 가지만 사용해도 되고 생략해도 돼요. 요리에 견과류를 활용할 때는 팬을 달구어 기름을 두르지 않고 살짝 볶아야 고소한 맛이 더해요.

1
닭 봉은 깨끗이 씻어 기름기를 떼어내고 잡고 먹기 편하게 뼈 사이에 칼을 넣고 힘줄을 끊은 다음 살을 위로 모아 올려 동그랗게 말아 청주 2, 소금과 후춧가루로 밑간한다.

2
견과류는 팬을 달구어 기름을 두르지 않고 살짝 볶아 곱게 다진다.

3
닭 봉에 녹말가루를 꼼꼼하게 묻혀 튀김기름에 노릇해질 때까지 2~3분 정도 튀긴다.

4
팬에 소스 재료인 간장 3, 설탕 1, 물엿 3, 식초 3, 청주 1, 맛술 1, 레몬즙 0.3, 물 1/3컵을 넣고 끓인다.

5
소스가 바글바글 끓으면 닭 봉을 넣고 약한 불로 줄여 15분 정도 졸인다.

6
닭 봉 끝부분에 견과류를 적당히 묻혀 접시에 담는다.

1

닭 다리살은 기름기를 떼고 한 입 크기로 잘라 청주 2, 소금과 후춧가루 약간씩으로 20분 정도 밑간한다.

2

닭 다리살은 달걀흰자 1개분과 녹말가루 8에 버무려 튀김기름에 노릇하게 두 번 튀긴다.

3

팬을 달구어 식용유 1을 두르고 다진 양파 3과 다진 마늘 1을 넣어 노릇하게 볶다가 다진 풋고추 1과 다진 홍고추 1을 넣어 볶다가 토마토케첩 4, 고추장 2, 간장 1, 굴소스 1, 맛술 1.5, 올리고당 1, 물 2를 섞는다.

4

양념에 튀긴 닭과 다진 땅콩을 넣고 섞다가 꿀 1을 넣고 뒤적인다.

닭강정

4인분

요리 시간 50분

재료
닭 다리살 400g
청주 2
소금·후춧가루 약간씩
튀김기름 적당량
다진 땅콩 1/4컵
꿀 1

닭 다리살 반죽 재료
달걀흰자 1개분
녹말가루 8

양념 재료
식용유 1
다진 양파 3
다진 마늘 1
다진 풋고추 1
다진 홍고추 1
토마토케첩 4
고추장 2
간장 1
굴소스 1
맛술 1.5
올리고당 1
물 2

Cooking Tip
닭고기의 누린내가 심하면 우유에 1시간 정도 담가두었다가 사용하세요.

21 파채 매운 깐풍기

4인분

요리 시간 1시간

재료
닭 다리 5개(350g)
청주 2
소금·후춧가루 약간씩
대파 2대
달걀흰자 1개분
녹말가루 8
튀김기름 적당량
고추기름 2
청주 1.5
참기름 1
소금 약간

볶음용 채소 재료
마른 고추 2개
대파 1/4대
홍고추 1
청양고추 2
마늘 2쪽
생강 약간

소스 재료
물 4
식초 3
간장 1
굴소스 2
설탕 2
참기름 0.5
후춧가루 약간

🥄 **Cooking Tip**
닭고기 껍질은 벗기지 말고 두툼한 기름만 떼어내세요. 대파는 채 썰어 찬물에 담가두어야 맵고 아린 맛을 뺄 수 있어요.

1 닭 다리는 기름을 떼고 한입 크기로 썰어 청주 2, 소금과 후춧가루 약간씩으로 밑간하고 대파는 6cm 길이로 곱게 채 썰어 찬물에 담가두었다 먹기 직전에 물기를 뺀다.

2 볶음용 채소인 마른 고추는 가위로 어슷하게 썰고 대파, 홍고추, 청양고추, 마늘, 생강은 다진다.

3 닭 다리에 달걀흰자, 녹말가루를 넣고 버무려 10분 정도 두었다가 튀김기름에 노릇하게 두 번 튀긴다.

4 팬을 달구어 고추기름 2를 두르고 다진 마늘과 다진 생강을 넣어 마늘과 생강 향이 나도록 볶다가 마른 고추, 다진 파, 다진 고추를 넣고 볶다가 청주 1.5를 넣는다.

5 팬에 튀긴 닭고기와 소스 재료인 물 4, 식초 3, 간장 1, 굴소스 2, 설탕 2, 참기름 0.5, 후춧가루 약간을 넣고 재빨리 볶아 그릇에 담는다.

6 파채에 참기름 1과 소금을 약간 넣고 살짝 버무려 튀긴 닭고기에 듬뿍 얹는다.

1

닭 다리살은 기름을 떼어내고 껍질과 두툼한 부위에 칼집을 넣은 다음 청주 2, 소금과 후춧가루로 밑간하고 양상추는 얼음물에 담가두었다가 먹기 직전에 물기를 뺀다.

2

대파는 반으로 갈라 송송 썰고 마늘은 다지고 고추는 반으로 갈라 씨를 빼내고 송송 썬다. 분량의 재료를 섞어 소스를 만든다.

3

닭 다리살은 녹말가루, 달걀물, 빵가루 순으로 튀김옷을 입혀 튀김기름에 노릇하게 튀긴다.

4

접시에 양상추를 한입 크기로 뜯어 담고 튀긴 닭고기를 썰어 얹고 소스를 뿌린다.

유린기

4인분

요리 시간 40분

재료
닭 다리살 5조각(350g)
청주 2
소금·후춧가루 약간씩
양상추 1/4통
튀김기름 적당량

닭 다리살 튀김 재료
녹말가루 4
달걀 1
빵가루 1컵

소스 재료
대파 1/4대
풋고추 1개
홍고추 1개
마늘 2쪽
간장 2
식초 2
설탕 2
참기름 0.5
후춧가루 약간
물 2

대체 식재료
닭 다리살 ▶ 닭 안심
양상추 ▶ 샐러드 채소

Cooking Tip
닭고기 누린내가 심할 때는 우유에 담가둔다.

23

찹쌀 탕수육

4인분

요리 시간 50분

재료
돼지고기 등심 300g
청주 1.5
생강즙 0.5
소금·후춧가루 약간씩
완두콩 3
튀김기름 적당량

반죽 재료
녹말가루 1컵
물 2컵
찹쌀가루 1/4컵
달걀흰자 2개분
식용유 5

소스 재료
물 2/3컵
간장 1
식초 3
설탕 4
녹말물 2

대체 식재료
돼지고기 등심 ▶ 돼지고기 안심

Cooking Tip
튀기는 도중 물이 들어가면 기름이 튀니 녹말은 불려 물은 따라 버리고 앙금만 잘 받아 사용하세요.

1
돼지고기는 가로, 세로 8cm 크기로 넓적하게 저며 썰어 칼로 두드린 다음 청주 1.5, 생강즙 0.5, 소금과 후춧가루 약간씩으로 밑간한다. 완두콩은 끓는 물에 소금을 넣고 삶아 찬물에 헹궈 물기를 뺀다.

2
녹말가루 1컵에 물 2컵을 붓고 20분 이상 불려 윗물은 따라 버리고 앙금만 준비하여 찹쌀가루 1/4컵과 달걀흰자 2개분을 넣고 섞다가 식용유 5를 나누어 넣고 연유 농도 정도로 반죽한다.

3
돼지고기에 반죽을 골고루 묻혀 노릇하게 두 번 튀긴다.

4
팬에 물 2/3컵, 간장 1, 식초 3, 설탕 4를 넣고 끓여 소스가 끓으면 녹말물 2를 넣어 섞고 걸쭉해지면 튀긴 돼지고기와 완두콩을 넣고 재빨리 버무린다.

1
쇠고기는 키친타월에 얹어 핏물을 빼서 적당한 크기로 썰고 양파는 채 썰고 잣은 고깔을 떼고 곱게 다진다.

2
양념 재료인 배와 양파는 믹서에 갈아 다진 파 3, 다진 마늘 1.5, 간장 6, 설탕 2, 물엿 1, 참기름 1.5, 통깨 1, 후춧가루 약간을 넣어 섞는다.

3
쇠고기에 양념을 넣고 버무려 30분 이상 재운다.

4
팬을 달구어 센 불에서 양념한 쇠고기를 1분 정도 볶다가 불을 줄이고 양파를 넣고 3~4분 더 볶아 접시에 담고 잣가루를 솔솔 뿌린다.

불고기

4인분

요리 시간 50분

재료
쇠고기(불고기용) 600g
양파 1개
잣 20g

양념 재료
배 1/6개
양파 1/3개
다진 파 3
다진 마늘 1.5
간장 6
설탕 2
물엿 1
참기름 1.5
통깨 1
후춧가루 약간

대체 식재료
배 ▶ 키위, 파인애플

🥄 **Cooking Tip**
고기를 재울 때 배, 키위, 파인애플 등을 넣으면 연육 작용으로 고기가 부드러워져요. 불고기에 양파만 넣어 깔끔하게 만들었는데 당근, 버섯 등은 취향에 맞게 넣으세요.

25

차돌박이 구이와 참나물무침

4인분

요리 시간 30분

재료
참나물 100g
차돌박이 600g

참나물무침 양념 재료
고춧가루 4
간장 2
설탕 1
참기름 1.5
통깨 1

소스 재료
간장 2
설탕 0.5
맛술 1
참기름 2
통깨 1

대체 식재료
차돌박이 ▶ 샤브샤브용 쇠고기

Cooking Tip
차돌박이는 굽는 도중 기름이 많이 나오므로 키친타월로 기름기를 제거하며 구우세요.

1
참나물은 질기고 두꺼운 줄기 부분은 다듬어 깨끗하게 씻은 다음 물기를 뺀다.

2
고춧가루 4, 간장 2, 설탕 1, 참기름 1.5, 통깨 1을 섞어 참나물에 넣어 가볍게 버무린다.

3
팬을 달구어 차돌박이를 한 장씩 구워 접시에 담는다.

4
간장 2, 설탕 0.5, 맛술 1, 참기름 2, 통깨 1을 섞어 차돌박이에 끼얹고 참나물무침을 곁들인다.

26

1
냄비에 양파, 대파, 마늘, 통후추, 물 8컵 정도를 넣고 끓여 끓으면 쇠고기를 덩어리째 넣고 30분 정도 중간 불에서 푹 삶아 식힌다.

2
콩나물은 꼬리를 떼고 청주 2와 소금을 약간 넣은 물에 1분 정도 삶고 미나리는 5cm 길이로 썰어 끓는 소금물에 살짝 데친 다음 찬물에 헹궈 물기를 뺀다. 배는 채 썰고 대파는 5~6cm 길이로 채 썰어 찬물에 각각 담가두었다가 물기를 뺀다.

3
쇠고기가 식으면 랩으로 싸서 냉장고에 넣어 차갑게 보관했다가 얇게 썰고 간장 1, 꿀 2, 식초 3, 배즙 2, 연겨자 0.5, 소금 약간을 섞어 겨자 소스를 만들고 다진 마늘 1, 간장 2, 식초 1, 맛술 0.5, 설탕 0.5, 레몬즙 1을 섞어 간장 소스를 만든다.

4
접시에 쇠고기 편육을 돌려 담고 간장 소스를 두르고 볼에 콩나물, 미나리, 배, 대파를 담고 겨자 소스에 버무려 곁들인다.

쇠고기 편육과 콩나물 냉채

4인분

요리 시간 1시간 20분

재료
쇠고기 아롱사태 600g
콩나물 150g
청주 2
소금 약간
미나리 30g
배 1/4개
대파 1/2대

쇠고기 삶는 물 재료
물 8컵
양파 1/2개
대파 1/2대
마늘 4쪽
통후추 1

겨자 소스 재료
간장 1
꿀 2
식초 3
배즙 2
연겨자 0.5
소금 약간

간장 소스 재료
다진 마늘 1
간장 2
식초 1
맛술 0.5
설탕 0.5
레몬즙 1

27

된장 소스 삼겹살구이

4인분

요리 시간 50분

재료
삼겹살 600g
배추 잎 10장
소금 약간
영양부추 30g

된장 소스 재료
된장 3
간장 0.5
올리고당 3
우유 3
맛술 1
청주 1.5
참기름 1
통깨 1
후춧가루·마늘가루 약간씩

배추 샐러드 소스 재료
국간장 1
참기름 1
통깨 0.5
소금 약간

대체 식재료
된장 소스 ▶ 고추장 소스
마늘가루 ▶ 생강가루

Cooking Tip
된장 소스가 쉽게 타므로 중간에 잘 뒤적이며 노릇하게 구우세요.

1
삼겹살은 5~6cm 길이로 썰어 된장 3, 간장 0.5, 올리고당 3, 우유 3, 맛술 1, 청주 1.5, 참기름 1, 통깨 1, 후춧가루와 마늘가루 약간씩을 넣고 버무려 30분 이상 재운다.

2
배춧잎은 끓는 소금물에 2분 정도 데친 다음 찬물에 헹궈 물기를 꼭 짜서 송송 썬다. 영양부추는 3~4cm 길이로 썰어 배추 잎과 영양부추에 국간장 1, 참기름 1, 통깨 0.5, 소금 약간을 섞어 버무린다.

3
팬을 달구어 된장 소스에 재운 삼겹살을 얹어 노릇하게 굽는다.

4
접시에 삼겹살을 담고 배추 샐러드를 곁들인다.

4인분

요리 시간 1시간 30분

재료
등갈비 1kg
소금·후춧가루 약간씩

등갈비 삶는 물 재료
양파 1/2개
마늘 4쪽
통계피 1/2개
통후추 1
청주 1/4컵

소스 재료
바비큐 소스 1/2컵
우스터소스 3
간장 2
토마토케첩 4
흑설탕 1/4컵
다진 마늘 1
월계수 잎 1장
생강가루·후춧가루 약간씩
물 3

1 등갈비는 찬물에 30분 이상 담가 핏물을 빼서 잡내를 제거한다.

2 등갈비의 기름기를 제거하고 살이 두꺼운 부분은 칼집을 넣는다.

3 냄비에 등갈비가 잠길 정도의 물과 양파, 마늘, 통계피, 통후추, 청주를 넣고 끓여 끓으면 등갈비를 넣어 20분 이상 삶는다.

4 삶은 등갈비는 소금과 후춧가루로 밑간한다.

5 냄비에 바비큐 소스 1/2컵, 우스터소스 3, 간장 2, 토마토케첩 4, 흑설탕 1/4컵, 다진 마늘 1, 월계수 잎 1장, 생강가루와 후춧가루 약간씩, 물 3을 넣고 걸쭉해질 때까지 약한 불에서 15분 정도 끓인다.

6 등갈비에 소스를 발라 10분 정도 두었다가 180℃로 예열한 오븐에서 중간에 두 번 정도 꺼내 소스를 덧바르면서 20분 정도 굽는다.

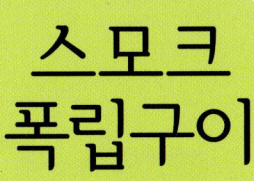

스모크 폭립구이

찹스테이크

4인분

요리 시간 40분

재료
쇠고기 등심 400g
소금·후춧가루 약간씩
양송이버섯 4개
피망(작은 것) 2개
빨강 파프리카 1개
양파 2/3개
올리브오일 4

양념 재료
스테이크 소스 6
토마토케첩 4
씨 머스터드 1
설탕 2
꿀 1
소금·후춧가루 약간씩

대체 식재료
쇠고기 등심
▶ 쇠고기 부채살, 채끝살

Cooking Tip
스테이크 소스 대신 우스터소스, 발사믹 소스, 돈가스 소스를 넣거나 매콤한 맛을 원한다면 핫소스를 추가하면 돼요.

1
쇠고기는 2~3cm 두께로 썰어 소금과 후춧가루로 밑간하고 양송이버섯은 4등분하고 피망, 빨강 파프리카, 양파는 2~3cm 길이로 썬다.

2
팬을 달구어 올리브오일 2를 두르고 쇠고기를 넣어 굽다가 쇠고기가 70% 정도 익으면 접시에 덜어둔다.

3
쇠고기를 구운 팬에 올리브오일 2를 두르고 양파, 양송이버섯, 파프리카, 피망 순으로 넣고 볶는다.

4
볶아둔 쇠고기를 넣고 스테이크 소스 6, 토마토케첩 4, 씨 머스터드 1, 설탕 2, 꿀 1, 소금과 후춧가루 약간씩을 넣어 소스가 걸쭉해질 때까지 3~4분 정도 더 볶는다.

4인분

요리 시간 1시간

재료
쇠고기 안심 4조각
소금·후춧가루 약간씩
마늘 8쪽
식용유 적당량

매시트포테이토 재료
감자 400g
버터 20g
설탕 1
소금·후춧가루 약간씩

당근조림 재료
당근 150g
설탕 4
소금 약간
물 1컵

스테이크 소스 재료
레드 와인 6
발사믹식초 6
간장 6
설탕 3
후춧가루 약간

대체 식재료
식용유 ▶ 올리브오일

1 쇠고기는 핏물을 빼고 소금과 후춧가루로 20분 정도 밑간한다.

2 감자는 삶아 뜨거울 때 으깨 버터 20g, 설탕 1, 소금과 후춧가루 약간씩을 넣고 섞는다. 당근은 5cm 길이로 잘라 모서리를 다듬고 끓는 소금물에 데쳐 설탕 4, 소금 약간, 물 1컵을 넣고 약한 불에서 졸인다.

3 마늘은 편으로 썰어 찬물에 담갔다가 물기를 빼고 팬을 달구어 식용유를 적당히 두르고 노릇하게 튀기듯 구워 소금을 뿌리고 키친타월에 올려 남은 기름을 뺀다.

4 마늘을 구운 팬에 스테이크 소스 재료인 레드 와인 6, 발사믹식초 6, 간장 6, 설탕 3, 후춧가루 약간을 넣고 졸인다.

5 팬을 달구어 식용유를 두르고 쇠고기 안심을 노릇하게 굽는다.

6 구운 쇠고기는 쿠킹포일에 싸서 5분 이상 그대로 두었다가 따끈하게 데운 접시에 담아 소스를 끼얹고 튀긴 마늘을 얹고 매시트포테이토와 당근조림을 곁들인다.

미니 갈릭 스테이크

31

떡갈비

4인분

요리 시간 1시간 20분
(갈비 핏물 빼는 시간 2시간)

재료
쇠갈비 8대
밀가루 2
다진 쇠고기(갈빗살) 300g
식용유 적당량
꿀 1
참기름 1
잣가루 2

양념 재료
다진 파 3
다진 마늘 1
간장 3
배즙 2
생강즙 0.5
꿀 2
설탕 2
청주 1
녹말가루 2
참기름 1
깨소금 0.5
소금·후춧가루 약간씩

🍳 Cooking Tip
갈비에서 분리한 살만 다져 사용하면 갈빗살이 부족할 수 있으므로 다진 쇠고기를 더했어요. 간장으로만 간을 하면 반죽이 너무 질척해져 갈비가 뼈에 잘 달라붙지 않으므로 간장과 소금을 섞어 넣으세요.

1
갈비는 중간에 물을 갈아가며 찬물에 2시간 정도 담가 핏물을 빼서 뼈와 살을 분리해 뼈는 끓는 물에 넣고 삶아 건져 밀가루 2를 뿌린다.

2
갈비에서 분리한 살은 다져 다진 쇠고기와 섞은 다음 다진 파 3, 다진 마늘 1, 간장 3, 배즙 2, 생강즙 0.5, 꿀 2, 설탕 2, 청주 1, 녹말가루 2, 참기름 1, 깨소금 0.5, 소금과 후춧가루 약간씩을 넣어 버무린다.

3
양념한 갈빗살을 뼈에 적당량씩 붙인다.

4
팬을 달구어 식용유를 두르고 떡갈비를 넣어 노릇해질 때까지 구운 다음 180℃로 예열한 오븐에서 15분 이상 구워 꿀 1과 참기름 1을 발라 그릇에 담고 잣가루 2를 솔솔 뿌린다.

4인분

요리 시간 1시간 10분

재료

통삼겹살 600g
청경채 5포기
소금 약간

돼지고기 삶는 물 재료

양파 1/2개
대파 1/2대
생강 1톨
월계수 잎 1장
물 8컵

조림장 재료

간장 1/4컵
설탕 1/4컵
청주 1/3컵
통후추 0.5
돼지고기 삶은 물 1/4컵

대체 식재료

생강 1톨 ▶ 마늘 4쪽

Cooking Tip

삼겹살을 삶을 때 누린내 제거를 위해 된장이나 인스턴트커피를 넣어도 좋아요. 통삼겹살 600g을 삶는다면 된장 2나 커피 1 정도 넣으세요.

통삼겹살 조림

1 냄비에 양파, 대파, 생강, 월계수 잎, 물 8컵을 넣고 끓인다.

2 물이 끓으면 통삼겹살을 넣고 중간 불에서 40분 정도 삶는다.

3 청경채는 밑동에 칼집을 넣고 끓는 물에 소금을 약간 넣어 30초 정도 데친 다음 찬물에 헹궈 물기를 빼고 반으로 가르거나 4등분한다.

4 냄비에 조림장 재료인 간장 1/4컵, 설탕 1/4컵, 청주 1/3컵, 통후추 0.5, 돼지고기 삶은 물 1/4컵을 넣어 끓인다.

5 조림장에 통삼겹살을 넣고 약한 불에서 졸이다가 중간에 돼지고기를 뒤집어가며 소스가 졸아들 때까지 15분에서 20분 정도 졸인다.

6 통삼겹살을 썰어 접시에 담고 남은 소스를 뿌린 다음 데친 청경채를 곁들인다.

33 샤브샤브 냉채

4인분

요리 시간 40분

재료
쇠고기 샤브샤브용 600g
맥주 1컵
물 2컵
소금 약간
양배추 1/4통
적양파 1/2개
영양부추 20g

땅콩 겨자 소스 재료
땅콩버터 3
마요네즈 1.5
연겨자 0.5
다진 양파 3
다진 마늘 1
설탕 1.5
간장 1
식초 1.5
물 2

채소 드레싱 재료
간장 1.5
꿀 0.5
맛술 1
참기름 1
깨소금 약간

대체 식재료
맥주 ▶ 청주

1
냄비에 맥주, 물, 소금을 넣고 끓여 끓으면 쇠고기를 한 장씩 넣고 데친 다음 한 김 식혀 냉장고에 보관한다.

2
땅콩버터 3, 마요네즈 1.5, 연겨자 0.5, 다진 양파 3, 다진 마늘 1, 설탕 1.5, 간장 1, 식초 1.5, 물 2를 섞어 땅콩 겨자 소스를 만든다.

3
양배추는 채 썰고 적양파는 링 모양으로 썰고 영양부추는 5cm 길이로 썰어 각각 찬물에 담가두었다가 먹기 직전에 물기를 뺀다.

4
접시에 차게 해둔 쇠고기를 담고 땅콩 겨자 소스를 적당량 얹거나 곁들이고 간장 1.5, 꿀 0.5, 맛술 1, 참기름 1, 깨소금 약간을 섞어 채소에 끼얹어 곁들인다.

쇠고기 화이타

4인분

요리 시간 50분

재료

쇠고기 구이용 400g
소금·후춧가루 약간씩
양상추 1/4통
피망 2개
빨강 파프리카 2개
양파 2개
슬라이스 치즈 4장
식용유 적당량
사워크림 적당량
토르티야 8장

구아카몰 재료

아보카도 1
레몬즙 1
소금·후춧가루 약간씩

토마토 살사 재료

토마토 1
양파 1/4개
풋고추 1개
홍고추 1개
할라피뇨 슬라이스 10쪽
올리브오일 4
레몬즙 1
화이트 와인 비네거 1
핫소스 1
설탕 0.5
소금·후춧가루 약간씩

Cooking Tip

토마토 살사를 따로 만들지 않고 구아카몰에 토마토, 양파, 할라피뇨 등을 추가해서 만들어도 좋아요. 사워크림이 없다면 무가당 요구르트에 레몬즙과 소금을 더해 간편하게 만들 수 있어요.

1
쇠고기는 소금과 후춧가루로 20분 정도 밑간한다.

2
양상추, 피망, 빨강 파프리카, 양파는 10cm 길이로 채 썰고 슬라이스 치즈는 3~4cm 길이로 채 썬다.

3
아보카도는 적당히 익은 것으로 골라 칼집을 넣고 손으로 비틀어 돌려 씨를 빼내고 껍질을 벗기고 곱게 으깨어 레몬즙 1, 소금과 후춧가루 약간씩과 섞어 구아카몰을 만든다.

4
토마토와 양파는 작게 썰고 풋고추와 홍고추는 씨를 빼서 잘게 다지고 할라피뇨는 잘게 다지고 올리브오일 4, 레몬즙 1, 화이트 와인 비네거 1, 핫소스 1, 설탕 0.5, 소금과 후춧가루 약간씩을 넣고 섞어 토마토 살사를 만든다.

5
팬을 달구어 식용유를 두르고 양파를 넣어 볶다가 소금으로 간하여 접시에 담아 두고 팬에 파프리카와 피망을 넣고 볶다가 소금과 후춧가루로 간하여 접시에 담는다. 팬에 식용유를 약간 두르고 쇠고기를 구워 적당한 크기로 썬다.

6
팬을 달구어 토르티야를 따끈하게 구워 쇠고기, 양상추, 피망, 빨강 파프리카, 양파, 치즈, 구아카몰, 토마토 살사, 사워크림을 얹고 돌돌 만다.

Chapter 3
메인 요리, 생선과 해산물

광어회 카르파치오
마늘 버터 소스 왕새우구이
칠리새우
크림새우
해파리냉채
매운 홍합찜
참치 다다키
데리야키 장어구이
관자구이와 파슬리 오일
해물 파전
해물 누룽지탕
중화풍 해산물볶음
미니 생선가스 볼
골뱅이무침

35

광어회 카르파치오

4인분

요리 시간 20분

재료
광어회 1마리분
소금 약간
적양파 1개
무순 1/2팩

드레싱 재료
간 양파 4
설탕 0.5
엑스트라 버진 올리브오일 4
화이트 와인 비네거 1
레몬즙 1
소금·후춧가루 약간씩

Cooking Tip
카르파치오용 광어회는 되도록 얇게 써는 것이 좋지만 그냥 횟집에서 떠온 회로 만들어도 돼요. 올리브오일은 가열하지 않는 샐러드 드레싱용으로는 엑스트라 버진 올리브오일, 가열하는 용도로는 퓨어 올리브오일이 적당해요.

1 광어회는 얇게 썰어 소금을 살짝 뿌려 랩을 씌워 냉장고에 차갑게 보관한다.

2 적양파는 채 썰어 찬물에 담가두고 무순도 찬물에 담가두었다가 먹기 직전에 물기를 뺀다.

3 간 양파 4, 설탕 0.5, 엑스트라 버진 올리브오일 4, 화이트 와인 비네거 1, 레몬즙 1, 소금과 후춧가루 약간씩을 섞어 드레싱을 만든다.

4 접시에 광어회를 담고 적양파, 무순을 곁들이고 드레싱을 골고루 뿌린다.

36

4인분

요리 시간 50분

재료
왕새우(블랙타이거) 10마리
청주 3
레몬즙 2
후춧가루 약간
빨강 파프리카 1/4개
노랑 파프리카 1/4개
고수 잎 적당량
올리브오일 적당량

마늘 버터 소스 재료
버터 30g
다진 마늘 2
파슬리가루 약간
소금·후춧가루 약간씩

마요 소스 재료
마요네즈 4
씨 머스터드 0.5
올리고당 0.5
레몬즙 0.5
소금·후춧가루 약간씩

대체 식재료
고수 잎 ▶ 파슬리

🥄 **Cooking Tip**
새우 머리는 버리지 말고 냉동 보관해서 육수를 낼 때 활용하면 좋아요. 소스에 간이 배어 있으므로 새우에 밑간을 할 때는 소금 간을 하지 않아도 돼요.

1
왕새우는 깨끗이 씻어 머리를 떼고 다리는 가위로 자르고 이쑤시개를 이용해 등 쪽의 내장을 제거한 다음 가위로 등 쪽에 길게 가위집을 넣는다.

2
손질한 새우는 청주 3, 레몬즙 2, 후춧가루를 뿌려 살짝 재운다.

3
빨강 파프리카와 노랑 파프리카는 가로, 세로 0.5cm 크기로 썰고 고수는 잎만 따서 찬물에 담가둔다.

4
버터는 전자레인지에서 1분 정도 녹여 다진 마늘 2, 파슬리가루, 소금과 후춧가루 약간씩을 넣고 섞어 마늘 버터 소스를 만든다.

5
오븐팬에 종이포일을 깔고 올리브오일을 두른 다음 파프리카를 깔고 그 위에 새우를 얹고 마늘 버터 소스를 뿌려 180℃로 예열한 오븐에서 20분 정도 굽는다.

6
접시에 왕새우구이를 담고 파프리카와 고수 잎을 뿌리고 마요네즈 4, 씨 머스터드 0.5, 올리고당 0.5, 레몬즙 0.5, 소금과 후춧가루 약간씩을 섞어 곁들인다.

마늘 버터 소스 왕새우구이

37

칠리새우

4인분

🕐 **요리 시간** 40분

재료
중하 20마리
청주 2
소금·후춧가루 약간씩
튀김기름 적당량

새우 반죽 재료
달걀흰자 1개분
녹말가루 5

칠리소스 재료
고추기름 2
식용유 1
다진 마늘 1
다진 생강 0.3
다진 파 2
청주 2
토마토케첩 3
설탕 2
두반장 1
스위트 칠리소스 2
물 1/4컵
녹말물 1.5

대체 식재료
두반장 ▶ 굴소스

🥄 **Cooking Tip**
칠리새우는 시간이 지나면 엉겨 붙으므로 소스를 너무 걸쭉하게 졸이지 않아도 돼요.

1
중하는 머리를 떼고 껍질을 벗겨 이쑤시개로 등 쪽의 내장을 제거하고 물이 튀지 않도록 꼬리쪽에 있는 물주머니 부분은 가위로 잘라 청주 2, 소금과 후춧가루 약간씩을 뿌려 살짝 재운다.

2
새우는 달걀흰자와 녹말가루에 버무려 180℃의 튀김기름에 노릇하게 튀긴다.

3
팬을 달구어 고추기름 1과 식용유 1을 두르고 다진 마늘 1, 다진 생강 0.3, 다진 파 2를 넣어 볶다가 청주 2를 넣고 토마토케첩 3, 설탕 2, 두반장 1, 스위트 칠리소스 2, 물 1/4컵을 넣고 약한 불에서 끓여 잘 어우러지면 녹말물 1.5를 두르고 새우를 넣는다.

4
새우를 넣어 재빨리 볶다가 고추기름 1을 두른다.

38

1
중하는 머리를 떼고 껍질을 벗겨 이쑤시개를 이용해 등쪽의 내장을 제거하고 꼬리쪽 껍질을 남겨둔다면 물이 튀지 않도록 꼬리 부분에 있는 물주머니 부분은 가위로 잘라 청주 2, 소금과 후춧가루

2
파인애플은 한입 크기로 자르고 완두콩은 끓는 소금물에 넣고 3~4분 정도 데쳐 찬물에 헹궈 물기를 뺀다.

3
새우는 달걀흰자와 녹말가루에 버무려 180℃의 튀김기름에 노릇하게 튀긴다.

4
팬에 마요네즈 8, 연유 4, 생크림 2, 레몬즙 2를 넣고 끓어오르면 새우, 파인애플, 완두콩을 넣고 재빨리 버무린다.

크림새우

4인분

요리 시간 40분

재료
중하 20마리
청주 2
소금·후춧가루 약간씩
파인애플 슬라이스 3조각
완두콩 30g
튀김기름 적당량

새우 반죽 재료
달걀흰자 1개분
녹말가루 5

크림소스 재료
마요네즈 8
연유 4
생크림 2
레몬즙 2

대체 식재료
완두콩 ▶ 브로콜리

🥄 **Cooking Tip**
칼로리를 줄이려면 새우를 튀기지 말고 살짝 데쳐 크림소스에 버무려도 돼요.

39

해파리 냉채

4인분

요리 시간 30분
(해파리 손질 시간 2시간)

재료

해파리 250g
국간장 0.5
설탕 0.5
식초 1
청주 3
소금 약간
칵테일새우 12마리
오징어 몸통 1마리분
오이 2/3개
당근 1/5개
맛살(16cm) 2줄
참기름 1

마늘 소스 재료

다진 마늘 4
간장 1
식초 7
설탕 4
참기름 1
소금 0.5

대체 식재료

마늘 소스 ▶ 겨자 소스

🥄 Cooking Tip

해파리는 뜨거운 물에 10초 이내로 담갔다 건지거나 체에 담아 끓는 물을 끼얹어 살짝만 익힌 다음 바로 찬물에 헹구세요.

1
해파리는 중간에 물을 두어 번 정도 갈아가며 찬물에 2시간 이상 담가 짠맛을 빼서 체에 담아 끓는 물을 끼얹어 데친 다음 찬물에 헹구고 면포에 올려 물기를 빼서 국간장 0.5, 설탕 0.5, 식초 1로 밑간하여 냉장고에 넣어 차갑게 보관한다.

2
냄비에 물을 3컵 정도 붓고 청주 3과 소금 약간을 넣고 끓여 칵테일새우를 살짝 데치고 오징어는 껍질을 벗겨 칼집을 넣어 끓는 소금물에 넣고 데쳐 채 썬다. 오이는 돌려깎기해 채 썰어 소금을 살짝 뿌리고 당근도 채 썰고 맛살은 가늘게 찢는다.

3
다진 마늘 4, 간장 1, 식초 7, 설탕 4, 참기름 1, 소금 0.5를 섞어 마늘 소스를 만든다.

4
접시에 해파리, 새우, 오징어, 맛살, 오이, 당근을 돌려 담고 소스를 뿌리고 무순을 얹는다.

1
홍합은 수염을 다듬고 깨끗이 씻어 끓는 물에 입을 벌릴 때까지 삶는다.

2
양파, 대파, 청양고추, 홍고추, 마늘은 곱게 다져 팬을 달구어 고추기름 1과 식용유 2를 두르고 볶는다.

3
②의 팬에 홍합과 청주 3을 넣고 센 불에서 볶다가 홍합 삶은 물 1/4컵, 고춧가루 3, 고추장 1, 간장 1.5, 설탕 1.5, 맛술 1을 넣고 2~3분 정도 볶는다.

4
불을 줄이고 녹말물 3을 두르고 호부추는 기름에 살짝 볶아 곁들인다.

40

매운 홍합찜

4인분

요리 시간 30분

재료

홍합 600g
양파 1/4개
대파 1/4대
청양고추 3개
홍고추 1개
마늘 2쪽
고추기름 1
청주 3
녹말물 3
호부추 100g
식용유 적당량

양념 재료

홍합 삶은 물 1/4컵
고춧가루 3
고추장 1
간장 1.5
설탕 1.5
맛술 1

대체 식재료

호부추 ▶ 부추

Cooking Tip
홍합 삶은 물은 버리지 말고 매운 홍합찜 등을 만들 때 활용하세요. 매운 홍합찜에 마른 고추, 페페론치노를 넣어도 좋고 캡사이신 소스를 더해도 좋아요.

41 참치 다다키

4인분

요리 시간 30분
(냉동 참치 해동 시간 1시간)

재료
냉동 참치 1조각
소금 적당량
래디시 2개
어린잎 채소 적당량
마늘 5쪽
식용유 적당량
소금·후춧가루 약간씩

간장 레몬 드레싱 재료
간장 2
꿀 0.5
레몬즙 0.5
참기름 0.5
통깨 0.3
후춧가루 약간

고추냉이 마요 소스 재료
마요네즈 2
고추냉이 0.3
올리고당 0.5
소금·후춧가루 약간씩

🥄 Cooking Tip
냉동 참치는 3%의 소금물에 5분 정도 담가 겉면만 살짝 해동한 다음 면포로 감싸 냉장고에 1시간 이상 넣어두세요. 한번 해동한 참치는 절대 재냉동하지 않는데 맛과 영양이 떨어질 뿐만 아니라 위생적으로도 좋지 않기 때문이에요. 냉동 참치는 해동하여 냉장고에 하루 정도 숙성하면 더 맛이 좋고 구운 참치는 한 김 식혀 차가울 때 썰어야 잘 썰려요.

1 냉동 참치는 미지근한 소금물에 5분 정도 담가 해동하여 면포로 감싸 냉장고에 1시간 이상 넣어둔다.

2 래디시는 얇게 썰어 어린잎 채소와 함께 얼음물에 담가두었다가 먹기 직전에 물기를 뺀다.

3 마늘은 편으로 얇게 썰어 찬물에 담가두었다가 물기를 빼서 달군 팬에 식용유를 적당히 두르고 노릇하게 튀기듯 구워 소금을 뿌리고 키친타월에 얹어 여분의 기름을 뺀다.

4 간장 2, 꿀 0.5, 레몬즙 0.5, 참기름 0.5, 통깨 0.3, 후춧가루 약간을 섞어 간장 레몬 드레싱을 만들고 마요네즈 2, 고추냉이 0.3, 올리고당 0.5, 소금과 후춧가루 약간씩을 섞어 고추냉이 마요 소스를 만든다.

5 해동한 참치는 소금과 후춧가루를 약간씩 뿌려 10분 정도 밑간하여 팬을 달구어 식용유를 약간 두르고 키친타월로 닦은 다음 참치를 놓고 겉면만 노릇하게 구워 냉장고에 잠시 넣어 차갑게 보관한다.

6 참치는 적당한 두께로 썰어 접시에 돌려 담고 고추냉이 마요 소스를 뿌리고 어린잎 채소, 래디시, 구운 마늘을 적당히 담고 간장 레몬 드레싱을 뿌린다.

데리야키 장어구이

1
생강은 껍질을 벗기고 편으로 썬다.

2
물 1/4컵, 설탕 5, 식초 3을 섞어 생강을 넣고 30분 정도 절였다가 채 썬다.

3
장어는 손질하여 껍질에 칼집을 넣고 180℃로 예열한 오븐에서 15분 정도 굽거나 찜통에서 5분 정도 쪄서 애벌구이한다.

4
냄비에 다시마 육수 1/4컵, 대파 1대, 마늘 1쪽, 생강 약간, 간장 1/2컵, 청주 1/4컵, 맛술 1/4컵, 설탕 1/4컵을 넣고 졸여 소스를 만든다.

5
애벌구이한 장어는 소스를 서너 번 정도 덧발라가며 180℃로 예열한 오븐에서 노릇하게 굽는다.

6
장어는 적당한 크기로 썰어 그릇에 담고 생강채를 얹는다.

4인분

요리 시간 1시간

재료
장어 2마리
생강 50g

생강 절임 재료
물 1/4컵
설탕 5
식초 3

데리야키 소스 재료
다시마 육수 1/4컵
대파(5cm) 1대
마늘 1쪽
생강 약간
간장 1/2컵
청주 1/4컵
맛술 1/4컵
설탕 1/4컵

대체 식재료
다시마 육수 ▶ 물

🥄 **Cooking Tip**
장어 뼈를 손쉽게 구할 수 있다면 장어 뼈를 삶은 육수를 활용해 데리야키 소스를 만들어도 좋아요. 장어를 오븐에서 구울 때 꼬리는 쉽게 타므로 쿠킹포일로 감싸서 구우세요.

43

관자 구이와 파슬리 오일

4인분

요리 시간 30분

재료
관자 4개
소금·후춧가루 약간씩
올리브오일 2
화이트 와인 3
샐러드 채소 적당량

파슬리 오일 재료
다진 생파슬리 1
엑스트라 비진 올리브오일 4
설탕 0.3
소금·후춧가루 약간씩

발사믹 드레싱 재료
엑스트라 버진 올리브오일 3
발사믹식초 2
소금·후춧가루 약간씩

Cooking Tip
관자는 너무 오래 구우면 질기니 익으면 바로 팬에서 꺼내세요. 생파슬리는 그냥 사용하면 향이 너무 강하니 파슬리 잎만 떼어 곱게 다져 면포에 담아 물로 씻어 물기를 꼭 짜서 보슬보슬한 상태로 사용하세요.

1
관자는 겉의 얇은 막을 벗기고 2등분하여 양쪽에 칼집을 넣고 소금과 후춧가루를 뿌린다.

2
다진 생파슬리 1, 엑스트라 버진 올리브오일 4, 설탕 0.3, 소금과 후춧가루 약간씩을 섞어 파슬리 오일을 만들고 엑스트라 버진 올리브오일 3, 발사믹식초 2, 소금과 후춧가루 약간씩을 섞어 발사믹 드레싱을 만든다.

3
팬에 올리브오일 2를 두르고 관자를 굽다가 화이트 와인 3을 넣고 센 불에서 알코올이 날아가면 중간 불에서 1분 정도 익힌다.

4
접시에 관자를 담고 파슬리 오일을 뿌리고 샐러드 채소에는 발사믹 드레싱을 뿌린다.

1
바지락살과 홍합살은 옅은 소금물에 살살 흔들어 씻어 물기를 빼고 새우살도 씻어 등쪽의 내장을 제거한다. 실파는 5~6cm 길이로 썰고 홍고추는 채 썰고 달걀은 알끈을 제거하고 잘 풀어둔다.

2
볼에 밀가루 1컵, 쌀가루 1/2컵, 소금 약간, 물 1컵+1/5컵을 넣고 잘 섞어 반죽을 만들어 반으로 나눠 각각 실파와 해산물을 넣는다.

3
팬을 달구어 식용유를 두르고 실파를 넣은 반죽을 넓게 펴고 그 위에 해산물을 넣은 반죽을 올리고 중간 불에서 노릇하게 익힌다.

4
파전이 가장자리부터 익으면 달걀물을 한 숟가락 끼얹은 다음 홍고추채를 얹고 뒤집어 식용유를 더 두르고 살짝 눌러가며 노릇하게 지져 접시에 담고 간장 1, 식초 0.5, 설탕 약간을 섞어 곁들인다.

4인분

요리 시간 35분

재료
바지락살 180g
홍합살 180g
소금 약간
새우살 120g
실파 20대
홍고추 2개
달걀 1개
식용유 적당량

반죽 재료
밀가루(중력분) 1컵
쌀가루 1/2컵
소금 약간
물 1컵+1/5컵

초간장 재료
간장 1
식초 0.5
설탕 약간

대체 식재료
조갯살 ▶ 굴

Cooking Tip
굴을 구하기 어려운 계절에는 조갯살만 넣어도 돼요. 반죽이 걸쭉해야 파전이 잘 부쳐지므로 물을 가감해 반죽 농도를 조절하세요. 반죽에 쌀가루를 넣으면 더 바삭해요.

해물 파전

45 해물 누룽지탕

4인분

요리 시간 50분

재료

찹쌀 누룽지(5×5cm) 8개
중하 12마리
오징어 몸통 1마리분
관자 2개
대파(흰 부분) 1대
마늘 3쪽
생강 1쪽
죽순 80g
표고버섯 2개
피망 1개
빨강 파프리카 2/3개
배추 잎 4장
청주 3
소금·후춧가루 약간씩
튀김기름 적당량

육수 재료

청주 2
닭고기 육수 2컵
굴소스 2
간장 2
소금·후춧가루 약간씩
녹말물 4
참기름 1

대체 식재료

피망 ▶ 청경채
닭고기 육수 ▶ 물

♪ Cooking Tip

불린 해삼을 넣어도 맛있어요. 찹쌀 누룽지는 먹기 직전에 튀겨 뜨거운 소스를 부어야 맛있는 소리도 나고 바삭한 누룽지탕을 즐길 수 있어요. (닭고기 육수 내는 법은 7쪽 참조)

1 중하는 꼬리만 남기고 껍질을 벗겨 내장을 제거하고 오징어는 껍질을 벗기고 칼집을 넣어 3cm 크기로 썬다. 관자는 얇은 막을 벗기고 두툼하게 썰고 대파는 2~3cm 길이로 썰고 마늘과 생강은 편으로 썬다.

2 죽순은 반을 갈라 주름 사이의 하얀 이물질을 빼내고 빗살 무늬를 살려서 썰고 표고버섯은 기둥을 떼고 큼직하게 저며 썬다. 피망과 빨강 파프리카는 2~3cm 크기로 썰고 배추 잎은 3cm 크기로 저민다.

3 끓는 물에 청주 3과 소금 약간을 넣고 새우, 오징어, 관자, 죽순, 표고버섯, 배추 잎 순으로 각각 30초 이내로 데친다.

4 팬을 달구어 식용유를 두르고 마늘과 생강을 넣어 살짝 볶다가 대파를 넣고 볶아 향을 내고 생강은 빼고 데친 죽순, 표고버섯, 배추 잎을 넣어 볶다가 청주 2를 넣고 볶는다.

5 닭고기 육수 2컵을 붓고 굴소스 2와 간장 2를 넣고 물이 끓으면 피망, 빨강 파프리카, 데친 해물, 죽순, 표고버섯, 배추 잎을 넣고 끓이다가 소금과 후춧가루로 간하고 녹말물 4를 두르고 걸쭉해지면 참기름 1을 두른다.

6 찹쌀 누룽지는 먹기 직전에 튀김기름에 노릇하게 튀겨 접시에 담고 뜨거운 소스를 끼얹는다.

중화풍 해산물 볶음

1 중하는 꼬리만 남기고 껍질을 벗겨 등 쪽의 내장을 제거하고 관자는 얇은 막을 벗기고 3등분하여 각각 청주 2, 소금과 후춧가루 약간씩으로 밑간한다. 오징어는 껍질을 벗겨 사선으로 칼집을 내어 가로, 세로 4×2cm 크기로 썬다.

2 청경채는 밑동을 자르고 반으로 갈라 끓는 소금물에 30초 정도 데쳐 찬물에 헹궈 물기를 빼고 표고버섯은 굵게 채 썰어 끓는 물에 넣고 살짝 데치고 마늘과 생강은 채 썬다.

3 숙주는 꼬리를 떼고 끓는 소금물에 살짝 데쳐 찬물에 헹궈 물기를 빼고 참기름 1과 소금 약간으로 살짝 버무린다.

4인분

요리 시간 40분

재료
중하 12마리
관자 2개
오징어 몸통 1마리분
청경채 6포기
표고버섯 3개
마늘 2쪽
생강 약간
숙주 200g
식용유 2
소금 약간

새우·관자 밑간 재료
청주 2
소금·후춧가루 약간씩

숙주 양념 재료
참기름 1
소금 약간

양념 재료
청주 2
해선장 2
간장 2
녹말물 2
참기름 1

대체 식재료
해선장 ▶ 굴소스

Cooking Tip
해산물은 오래 볶으면 질기니 센 불에서 빨리 익히세요. 숙주는 데쳐서 따로 곁들이지 않고 해산물볶음에 넣어도 돼요.

4 팬을 달구어 식용유 2를 두르고 마늘과 생강을 넣고 볶아 향을 낸다.

5 새우를 넣고 볶다가 관자, 오징어, 청주 2를 넣고 센 불에서 1분 정도 익히다가 중간 불로 줄인다.

6 표고버섯을 넣고 살짝 볶다가 청경채를 넣고 숨이 죽으면 해선장 2와 간장 2를 넣고 볶다가 녹말물 2를 두르고 살짝 볶다가 참기름 1을 두르고 그릇에 담고 숙주를 곁들인다.

47

미니 생선가스 볼

4인분

요리 시간 40분

재료
대구살 300g
양파 100g
쌀가루 6
소금·후춧가루 약간씩
튀김기름 적당량
레몬 1/2개

타르타르소스 재료
삶은 달걀 1/2개
다진 양파 2
다진 피클 1.5
마요네즈 5
올리고당 0.3
레몬즙 0.5
파슬리가루 약간
소금·후춧가루 약간씩

튀김옷 재료
밀가루 1/4컵
달걀 2개
빵가루 1컵+1/2컵

대체 식재료
대구살 ▶ 동태살

Cooking Tip
반죽에 쌀가루를 적당량 넣어 반죽 농도를 조절하세요. 반죽에 수분이 많다면 쌀가루를 더 넣으세요. 쌀가루 대신 밀가루를 넣어도 돼요.

1
대구살은 곱게 다지고 양파도 곱게 다져 볼에 담고 쌀가루 6, 소금과 후춧가루 약간씩을 넣어 반죽해 3~4cm 크기의 생선볼을 빚는다.

2
삶은 달걀은 노른자는 체에 내리고 흰자는 잘게 썰어 다진 양파 2, 다진 피클 1.5, 마요네즈 5, 올리고당 0.3, 레몬즙 0.5, 파슬리가루와 소금, 후춧가루 약간씩을 섞어 타르타르소스를 만든다.

3
생선볼에 밀가루, 달걀물, 빵가루 순으로 튀김옷을 입힌다.

4
튀김기름에 생선볼을 노릇하게 튀겨 레몬즙을 살짝 뿌리고 타르타르소스를 곁들인다.

1
골뱅이는 물에 살짝 씻어 먹기 좋은 크기로 2등분하고 골뱅이 국물에 북어포를 넣고 10분 정도 불렸다가 물기를 짠다.

2
오이는 필러로 길게 벗기고 대파와 양파는 5cm 길이로 채 썰어 각각 찬물에 담가둔다.

3
소면은 삶아 참기름 1.5를 넣어 버무린다.

4
볼에 골뱅이, 북어포, 대파, 양파를 담고 다진 마늘 2, 고춧가루 4, 고추장 1.5, 간장 2, 설탕 2, 물엿 1, 2배 식초 1.5, 참기름 1, 통깨 1을 섞어 넣고 버무려 접시에 담고 오이와 소면을 곁들인다.

4인분

요리 시간 30분

재료
골뱅이 통조림 1통
북어포 30g
오이 1개
대파 1대
양파 1/2개
소면 150g
참기름 1.5

양념장 재료
다진 마늘 2
고춧가루 4
고추장 1.5
간장 2
설탕 2
물엿 1
2배 식초 1.5
참기름 1
통깨 1

대체 식재료
북어포 ▶ 오징어채
2배 식초 ▶ 과일식초,
현미식초 등 일반 식초

🥄 **Cooking Tip**
골뱅이 국물에 북어포를 불리면 더 맛있어요. 소면을 삶아 참기름에 버무리면 면이 달라붙지 않고 고소한 향도 나요. 오이를 필러로 길게 벗기면 골뱅이무침을 싸먹기 좋은데 씨 부분을 제외하고 필러로 벗기세요.

골뱅이 무침

Chapter 4

메인 요리
밥과 면

지라시 스시
연어 새싹채소 초밥
연근튀김을 얹은 쇠고기롤
아보카도 크랩롤
참치 회덮밥
비빔소면
들깨 닭 칼국수
쇠고기 볶음우동
미트볼 파스타
버섯 블루 치즈 크림 파스타

49

지라시 스시

4인분

요리 시간 1시간

재료
- 밥 3공기
- 연근 8쪽
- 식초 4
- 청주 2
- 칵테일새우 8마리
- 표고버섯 2개
- 간장 1
- 맛술 1
- 설탕 0.5
- 물 2
- 오이 1개
- 소금 약간
- 달걀 2개
- 다시마 육수 2
- 청주 0.5
- 설탕 약간
- 소금 약간
- 참나물 잎 8장
- 식용유 적당량

연근·칵테일새우 단촛물 재료
- 물 1/2컵
- 식초 4
- 설탕 2
- 소금 약간

배합초 재료
- 식초 4.5
- 설탕 3
- 소금 약간

대체 식재료
- 참나물 잎 ▶ 깻잎

🍳 Cooking Tip
칵테일새우 대신 큰 새우를 이용한다면 반을 갈라 넣으세요. 지라시 스시를 투명한 컵에 담으면 손님들이 하나씩 들고 먹기에 편하고 보기에도 예뻐요.

1 연근은 얇게 썰어 물 2컵과 식초 4를 넣고 끓인 물에 넣고 2~3분 정도 데쳐 물 1/2컵, 식초 4, 설탕 2, 소금 약간을 섞은 단촛물에 30분 이상 절인다.

2 물 2컵과 청주 2를 붓고 끓인 물에 칵테일새우를 넣고 살짝 데쳐 물 1/2컵, 식초 4, 설탕 2, 소금 약간을 섞은 단촛물에 30분 이상 절인다.

3 표고버섯은 적당한 크기로 썰어 간장 1, 맛술 1, 설탕 0.5, 물 2에 20분 정도 재워서 냄비에 넣고 약한 불에서 1~2분 정도 졸여 물기를 살짝 짠다.

4 오이는 돌려깎기해 채 썰어 소금을 뿌려 살짝 절였다가 물기를 꼭 짠다. 달걀은 알끈을 제거하고 체에 내려 다시마 육수 2, 청주 0.5, 설탕과 소금 약간씩을 잘 섞어 지단을 부쳐 8cm 길이로 채 썰고 참나물 잎을 준비한다.

5 식초 4.5, 설탕 3, 소금 약간을 살짝 끓이거나 전자레인지에 넣고 30초 정도 돌려 설탕을 녹여 밥에 넣고 주걱을 세우며 섞어 초밥을 만든다.

6 그릇에 초밥을 담고 오이채, 달걀지단 순으로 덮은 다음 연근, 칵테일새우, 표고버섯, 참나물 잎을 모양내어 얹는다.

50

4인분

요리 시간 30분

재료
밥 3공기
연어 300g
식용유 1
날치알 100g
오렌지 주스 1/2컵
새싹채소 50g
단무지(20cm) 3줄

연어 밑간 재료
소금·후춧가루 약간씩

배합초 재료
식초 4.5
설탕 3
소금 약간

🍳 **Cooking Tip**
메인 요리가 무겁고 느끼하다면 밥은 상큼하고 가벼운 초밥을 준비하세요.

1
연어는 소금과 후춧가루를 약간씩 뿌려 밑간하여 달군 팬에 식용유 1을 두르고 노릇하게 구워 한 김 식으면 손으로 잘게 부순다.

2
날치알은 해동하여 오렌지 주스에 5분 정도 담가두었다가 체에 밭쳐 물기를 뺀다.

3
새싹채소는 찬물에 담가두었다가 먹기 직전에 물기를 빼고 단무지는 잘게 다진다.

4
식초 4.5, 설탕 3, 소금 약간을 섞어 살짝 끓이거나 전자레인지에 넣고 30초 정도 돌려 설탕을 녹인 다음 밥에 넣어 섞고 연어, 날치알, 새싹채소, 단무지를 넣고 버무린다.

연어 새싹채소 초밥

51

연근 튀김을 얹은 쇠고기롤

4인분

요리 시간 50분

재료
밥 3공기
쇠고기(구이용) 300g
연근 1/2개
튀김기름 적당량
소금 약간
새싹채소 적당량
참기름 2

쇠고기 양념 재료
간장 2
청주 1.5
참기름 0.5
설탕 0.5
후춧가루 약간

밥 양념 재료
배추김치 4장
다진 마늘 3
식용유 1
설탕 1
소금 약간
참기름 1.5
통깨 1
송송 썬 실파 4

Cooking Tip
쇠고기는 정육점에서 구이용으로 얇게 썰어달라고 부탁하거나 샤브샤브용으로 준비하세요. 쇠고기롤은 모양이 예쁘고 하나씩 들고 먹기 좋아서 초대 요리에 식사 대신 대접하면 인기가 좋아요.

1
쇠고기는 8~10cm 크기로 얇게 썬 것으로 준비해 간장 2, 청주 1.5, 참기름 0.5, 설탕 0.5, 후춧가루 약간으로 양념하고 연근은 얇게 썰어 노릇하게 튀겨 소금을 뿌린다. 새싹채소는 찬물에 담가두고 배추김치는 소를 털어내고 씻어 물기를 꼭 짠 다음 송송 썬다.

2
팬을 달구어 식용유 1을 두르고 다진 마늘 3을 볶다가 배추김치를 넣고 1분 정도 볶다가 밥을 넣고 골고루 잘 섞다가 설탕 1, 소금 약간을 넣어 간하고 참기름 1.5, 통깨 1, 송송 썬 실파 4를 넣고 섞는다.

3
팬을 달구어 식용유를 약간 두르고 양념한 쇠고기를 한 장씩 넣고 굽는다.

4
밥을 한입 크기로 뭉쳐 쇠고기에 올려 돌돌 말아 쇠고기가 마르지 않도록 참기름을 덧발라 새싹채소를 얹고 연근튀김을 올린다.

1
아보카도는 칼집을 넣고 손으로 비틀어 돌려 씨를 빼서 껍질을 벗겨 어슷하게 얇게 썰어 레몬즙 2를 뿌린다. 오이는 돌려깎기해 채 썰고 게맛살은 적당한 크기로 찢어 고추냉이 마요 소스 재료로 버무린다.

2
식초 3, 설탕 2, 소금 약간은 살짝 끓이거나 전자레인지에 넣고 30초 정도 돌려 설탕을 녹인 다음 밥에 넣고 잘 섞는다.

3
구운 김은 반으로 잘라 밥을 적당량 얹어 김 끝부분까지 펴준 다음 뒤집어 오이와 게맛살을 넣고 돌돌 만다.

4
김초밥 위에 아보카도를 사선으로 겹쳐 얹어 아보카도가 롤에 잘 달라붙도록 랩으로 싼 다음 꼭꼭 눌러가며 말아 랩을 싼 채 조심히 썰고 랩을 벗긴다.

4인분

요리 시간 35분

재료
밥 2공기
아보카도 2개
레몬즙 2
오이 1개
게맛살(16cm) 4줄
구운 김 2장

고추냉이 마요 소스 재료
마요네즈 2
연유 1
고추냉이 0.3
올리고당 0.5
소금·후춧가루 약간씩

배합초 재료
식초 3
설탕 2
소금 약간

대체 식재료
게맛살 ▶ 날치알, 참치

Cooking Tip
너무 익은 아보카도는 뭉개질 수 있고 너무 익지 않은 아보카도는 단단하고 밥에 잘 달라붙지 않으니 껍질이 녹색에서 검은색으로 변하려고 하는 중간 정도 숙성된 아보카도를 고르세요.

아보카도 크랩롤

53

참치 회덮밥

4인분

요리 시간 20분
(냉동 참치 해동 시간 1시간)

재료
밥 4공기
냉동 참치 1조각
소금 약간
오이 2/3개
당근 1/4개
배 1/6개
깻잎 8장
상추 4장
쑥갓 잎 적당량
풋고추 2개

초고추장 재료
고추장 4
식초 2
생강즙 약간
설탕 1.5
물엿 1.5
통깨 1

Cooking Tip
초고추장은 따로 만들지 않고 시중에 판매하는 제품을 이용하면 편리해요. 초고추장 농도가 너무 되직하면 배즙이나 탄산음료로 농도를 조절하세요.

1
냉동 참치는 미지근한 소금물에 5분 정도 담가 해동하여 면포로 감싸 냉장고에 1시간 이상 넣어두었다가 깍둑썰기한다.

2
오이, 당근, 배, 깻잎은 채 썰고 상추와 쑥갓 잎은 적당한 크기로 뜯고 풋고추는 송송 썬다.

3
고추장 4, 식초 2, 생강즙 약간, 설탕 1.5, 물엿 1.5, 통깨 1을 섞어 초고추장을 만든다.

4
그릇에 밥을 담고 채소를 골고루 얹은 다음 참치를 올리고 초고추장을 곁들인다.

1 오이는 돌려깎기해 채 썰고 양파는 채 썰어 찬물에 담가두었다가 체에 밭쳐 물기를 빼고 달걀은 삶아 반으로 썬다.

2 배추김치는 소를 털어내고 물에 씻어 물기를 꼭 짠 다음 송송 썰어 참기름 1과 설탕 0.5로 밑간한다.

3 끓는 소금물에 소면을 삶다가 물이 끓어오르면 찬물 1컵을 붓는 과정을 한 번 더 반복하여 소면이 익으면 찬물에 비벼가며 헹궈 물기를 뺀 다음 참기름 2를 넣고 조물조물 버무린다.

4 볼에 국수, 오이, 양파, 배추김치, 고춧가루 6, 간장 4, 설탕 2, 참기름 2, 통깨 1을 넣고 골고루 버무려 그릇에 담고 김을 잘게 썰어 뿌리고 삶은 달걀을 얹고 통깨를 뿌린다.

비빔소면

4인분

요리 시간 30분

재료
소면 350g
오이 1개
양파 1개
달걀 2개
배추김치 6장
소금 약간
참기름 2
김 1장
통깨 약간

김치 밑간 재료
참기름 1
설탕 0.5

양념 재료
고춧가루 6
간장 4
설탕 2
참기름 2
통깨 1

🥄 **Cooking Tip**
소면을 삶다가 물이 끓으면 찬물을 부어가며 끓이고 삶은 뒤에는 찬물에서 비벼가며 씻어야 면발이 쫄깃하고 탱탱해요.

55

들깨 닭 칼국수

4인분

요리 시간 50분

재료
생칼국수면 500g
닭 가슴살 2조각
볶은 들깨가루 1컵+1/2컵
국간장 4
소금 약간

닭 가슴살 삶는 물 재료
물 6컵
무 100g
청주 1
소금 약간

닭 가슴살 양념 재료
국간장 1
볶은 들깨가루 1.5

🥄 Cooking Tip

요리를 마무리하고 살짝 헛헛한 속을 채우기에 적당한 메뉴로 국물 요리를 대신하기에 좋아요. 칼국수면은 따로 끓여 찬물에 헹궜다가 육수에 넣어야 국물이 깔끔하고 면도 탱탱해요. 육수에 볶은 들깨가루와 멥쌀가루를 섞어서 사용하면 농도가 더 되직해요.

1
물 6컵에 무 100g, 청주 1, 소금 약간, 닭 가슴살을 넣고 10분 이상 삶아 불을 끄고 뚜껑을 덮어 남은 열로 익혀 한 김 식으면 적당한 크기로 찢어 국간장 1과 볶은 들깨가루 1.5를 넣어 조물조물 버무리고 닭고기 삶은 물은 육수로 활용한다.

2
육수에 볶은 들깨가루 1컵+1/2컵과 국간장 4를 넣고 끓인다.

3
생칼국수면은 끓는 물에 넣고 삶아 80% 정도만 익힌 다음 찬물에 헹궈 물기를 뺀다.

4
육수에 칼국수면을 넣고 끓이다가 소금으로 간하고 그릇에 담아 육수를 붓고 닭살을 얹는다.

1
쇠고기는 얇게 저민 것으로 준비해 소금과 후춧가루로 밑간하고 숙주는 꼬리를 떼고 양배추와 양파는 채 썰고 실파는 5cm 길이로 썬다.

2
팬을 달구어 식용유를 적당히 두르고 양파, 쇠고기 순으로 볶다가 쇠고기가 반 정도 익으면 청주 4를 넣는다.

3
양배추를 넣고 살짝 볶다가 삶아둔 우동과 숙주를 넣고 볶는다.

4
데리야키 소스 6, 굴소스 4, 맛술 4를 넣어 소스가 자작해질 때까지 볶다가 실파를 넣고 살짝 볶아 그릇에 담고 가다랑어포를 듬뿍 올린다.

4인분

요리 시간 35분

재료
생우동 700g
쇠고기(구이용) 400g
소금·후춧가루 약간씩
숙주 200g
양배추 150g
양파 1개
실파 6대
식용유 적당량
가다랑어포 1컵

우동 소스 재료
청주 4
데리야키 소스 6
굴소스 4
맛술 4

대체 식재료
우동 ▶ 쌀국수

🥄 **Cooking Tip**
데리야키 소스는 시중에 판매하는 제품을 사용했는데 데리야키 소스가 없다면 굴소스와 간장으로만 간을 맞춰도 돼요. 숙주는 아삭한 식감이 살아 있도록 요리의 마지막에 넣어 살짝만 볶으세요.

쇠고기 볶음우동

57 미트볼 파스타

4인분

요리 시간 1시간

재료
펜네 파스타 350g
소금 약간
올리브오일 적당량
양파 1개
마늘 3쪽
화이트 와인 4
토마토소스 2컵+1/2컵
허브(로즈메리 등) 약간
파스타 삶은 물 1/4컵
설탕 0.5
소금·후춧가루 약간씩
파슬리가루 0.5
파르메산 치즈 적당량
식용유 적당량

미트볼 재료(3cm 30개분)
다진 쇠고기 300g
다진 돼지고기 150g
다진 양파 4
소금 약간
달걀 1개
다진 마늘 1
빵가루 3/4컵
파슬리가루 1
설탕 0.5
너트메그 약간
소금·후춧가루 약간씩

대체 식재료
펜네 ▶ 푸실리, 파르펠레 등 쇼트 파스타

Cooking Tip
펜네 파스타는 미트볼과 버무려 내도 좋으나 따로 곁들여 내면 접시에 담았을 때 더 예뻐요. 미트볼 반죽의 농도는 빵가루로 조절하고 토마토소스의 농도는 파스타 삶은 물로 조절하세요. 미트볼을 만들 때 돼지고기를 섞어서 사용하면 더 부드럽고 연해요.

1
다진 쇠고기와 돼지고기는 핏물을 빼고 기름을 두르지 않은 팬에 다진 양파 4를 넣고 소금을 약간 뿌려 말갛게 볶아 수분을 빼서 덜어둔다. 볼에 다진 쇠고기, 돼지고기, 다진 양파, 나머지 미트볼 재료를 넣고 섞어 잘 치대어 3cm 크기의 볼로 빚는다.

2
팬을 달구어 식용유를 두르고 미트볼을 굴려가며 노릇하게 익힌다.

3
끓는 물에 소금과 올리브오일을 넣고 펜네 파스타를 넣고 9분 정도 삶아 올리브오일을 넣고 버무린다.

4
양파와 마늘은 다져 팬을 달구어 올리브오일을 두르고 볶다가 화이트 와인 4를 넣고 센 불에서 1~2분 정도 끓이다가 토마토소스 2컵+1/2컵과 허브를 넣고 끓여 농도가 너무 되직하면 파스타 삶은 물을 더한다.

5
소스가 걸쭉해지면 설탕 0.5, 소금과 후춧가루 약간씩으로 간한 다음 미트볼을 넣어 잘 섞고 파슬리가루를 뿌린다.

6
접시에 토마토소스 미트볼을 담고 파스타를 곁들이고 파르메산 치즈를 갈아 뿌린다.

1
표고버섯과 양송이버섯은 두툼하게 썰고 미니 새송이버섯은 작은 것은 그대로 쓰고 큰 것은 반으로 자른다. 베이컨은 잘게 썰고 양파와 마늘은 다진다.

2
팬을 달구어 올리브오일 4를 두르고 다진 마늘과 다진 양파를 넣어 볶다가 마늘 향이 나면 베이컨과 표고버섯, 양송이버섯, 미니 새송이버섯을 넣고 볶다가 화이트 와인 5를 넣고 센 불에서 2분 정도 볶아 알코올을 날린다.

3
생크림 1컵+1/5컵을 붓고 약한 불에서 5분 정도 끓이다가 우유 1컵을 붓고 10분 정도 끓여 소스 양이 줄어들면 소금과 후춧가루로 간한다.

4
끓는 소금물에 올리브오일을 약간 넣고 페투치네를 넣어 약간 심이 씹혀지는 알단테로 8분 정도 삶는다. 페투치네를 소스에 넣고 볶다가 블루 치즈를 넣고 잘 섞은 다음 다진 파슬리를 뿌려서 접시에 담고 파르메산 치즈를 갈아 뿌린다.

4인분

요리 시간 40분

재료
페투치네 350g
표고버섯 4개
양송이버섯 6개
미니 새송이버섯 20개
베이컨 4줄
양파 1개
마늘 3쪽
올리브오일 4
화이트 와인 5
생크림 1컵+1/5컵
우유 1컵
소금·후춧가루 약간씩
블루 치즈 50g
다진 파슬리 약간
파르메산 치즈 적당량

페투치네 삶는 물 재료
소금 약간
올리브오일 적당량

Cooking Tip
대중에게 잘 알려진 고르곤졸라 치즈를 포함한 블루 치즈는 크림소스와 잘 어우러져 요리에 깊은 맛을 더해주는데 특유의 향을 싫어하는 사람이 많으므로 손님들의 취향을 고려해 치즈 양을 줄이거나 생략해도 돼요. 파스타는 설명서에 쓰여 있는 시간보다 1~2분 덜 삶으면 적당해요.

버섯 블루 치즈 크림 파스타

Chapter 5

디저트와 음료

단호박 꿀범벅 떡구이
마체도니아
팥조림을 얹은 심플 아이스크림
초간단 티라미수
유자와 요구르트 셔벗
오미자 화채
베리베리 스무디와 망고라씨
샹그리아
딸기 밀크 푸딩

59

단호박 꿀범벅 떡구이

4인분

요리 시간 35분

재료

단호박 1/3통
대추 8개
호두 10개
호박씨 2
물 1컵+1/2컵
화이트 와인 1.5
꿀 2.5
올리고당 1
소금 약간
식용유 1
찹쌀 절편 8조각
계핏가루 약간

Cooking Tip
고소하고 달콤해 어른뿐만 아니라 젊은이들도 좋아할 만한 영양 디저트예요. 견과류는 팬을 달구어 살짝 볶아야 더 고소해요.

1
단호박은 가로, 세로 1.5~2cm 크기로 썰고 대추는 돌려깎기 해 씨를 제거해서 4등분한다. 호두는 적당한 크기로 썰어 팬을 달구어 살짝 굽고 호박씨도 팬에 살짝 볶는다.

2
팬에 단호박과 물 1컵+1/2컵을 넣고 약한 불에서 끓여 호박을 익힌다.

3
호박이 익고 물이 자작해지면 대추, 호두, 호박씨를 넣고 섞다가 화이트 와인 1.5를 넣고 1분 정도 끓여 알코올을 날린 다음 꿀 1.5, 올리고당 1, 소금 약간을 넣고 골고루 섞는다.

4
팬을 달구어 식용유 1을 두르고 찹쌀 절편을 노릇하게 구워 단호박 꿀범벅을 적당량 얹고 나머지 꿀 1을 뿌리고 계핏가루를 솔솔 뿌린다.

1
과일은 깨끗하게 씻어 오렌지와 자몽은 섹션뜨기로 과육만 바르고 포도와 체리는 과육만 준비한다.

2
냄비에 설탕 1/2컵, 화이트 와인 1/4컵, 물 1/4컵, 소금 약간을 넣고 살짝 끓여 설탕이 녹으면 불을 끄고 한 김 식힌 다음 냉장 보관한다.

3
레몬은 즙을 낸다.

4
시럽에 과일을 넣고 잘 섞어 차갑게 보관했다가 먹기 직전에 레몬즙을 뿌린다.

4인분

요리 시간 40분

재료
오렌지 2개
자몽 1개
포도(청포도 등) 1송이
체리 12개
레몬 1개
민트 잎 약간

시럽 재료
설탕 1/2컵
화이트 와인 1/4컵
물 1/4컵
소금 약간

대체 식재료
레몬 ▶ 라임

Cooking Tip
그냥 과일을 깎아 내기에는 왠지 밋밋할 것 같은 손님 초대상에 과일 대신 내면 좋아요. 꼬치에 과일을 종류별로 하나씩 꿰어 유리컵에 담아 내도 예뻐요.
섹션뜨기는 과일의 과육만 발라내는 방법으로 칼로 과일의 위와 아래 부분을 자른 다음 과육의 껍질을 벗겨요. 이때 과육의 하얀 부분까지 모두 벗겨 속껍질과 과육 사이에 칼을 넣고 과육을 하나씩 발라내세요.

마체도니아

61

4인분

요리 시간 10분

재료
냉동 블루베리 1/3컵
볶은 콩가루 4
팥(통조림) 1컵
바닐라 아이스크림 1통
민트 잎 약간

Cooking Tip
팥조림을 직접 만든다면 냄비에 팥과 물을 넣고 삶아 첫물을 버리고 팥이 푹 무를 때까지 삶아요. 손으로 눌렀을 때 잘 으깨어지면 팥이 드러날 정도의 물만 남기고 나머지 물은 버리고 설탕을 나눠 넣고 한 방향으로 저어가며 끓이다가 농도가 되직해지면 소금을 약간 넣으세요. 팥조림은 식으면 농도가 더욱 짙어지니 아주 걸쭉한 농도가 될 때까지 조리지 않아도 돼요.

팥조림을 얹은 심플 아이스크림

1
냉동 블루베리와 볶은 콩가루를 준비한다.

2
통조림 팥은 사용하기 전에 미리 그릇에 담아둔다.

3
그릇에 아이스크림을 담고 팥을 적당히 얹는다.

4
볶은 콩가루를 뿌리고 냉동 블루베리를 얹고 민트 잎으로 장식한다.

1 생크림은 차가울 때 단단하게 휘핑하고 에스프레소에 칼루아를 섞는다.

2 볼에 달걀노른자를 넣고 설탕 70g을 두세 번에 나눠 넣으면서 잘 섞은 다음 끓는 물을 담은 볼에 얹어 걸쭉해질 때까지 충분히 젓다가 크림치즈를 넣고 섞는다.

3 거품 낸 생크림을 넣고 가볍게 섞는다.

4 컵 또는 작은 그릇에 카스텔라를 깔고 커피를 부어 촉촉하게 적신 다음 치즈 무스를 듬뿍 얹는다. 코코아가루를 체에 쳐서 골고루 뿌려 냉장고에서 1시간 이상 두었다가 차갑게 먹는다.

4인분

요리 시간 20분

재료
에스프레소 200㎖
칼루아 30㎖
코코아가루 적당량
카스텔라 100g

치즈 무스 재료
생크림 200g
달걀노른자 4개(약 60g)
설탕 70g
크림치즈 200g

대체 식재료
진하게 탄 인스턴트커피
▶ 에스프레소
크림치즈 ▶ 마스카포네 치즈

🥄 **Cooking Tip**
마스카포네 치즈를 사용하면 더 부드럽고 맛있으나 구하기 쉬운 크림치즈로 만들어도 좋아요.
티라미수를 층층이 만들 때는 치즈 무스에 녹인 젤라틴을 넣으면 돼요.

초간단 티라미수

63

유자와 요구르트 셔벗

4인분

요리 시간 15분
(셔벗 얼리는 시간 6시간)

유자 셔벗 재료
물 2컵
유자차 1컵
레몬즙 1
꿀 3

요구르트 셔벗 재료
무가당 플레인 요구르트 1컵+1/2컵
우유 1컵+1/2컵
올리고당 1/4컵
레몬즙 1
꿀 약간

Cooking Tip

셔벗은 얼면 단맛이 덜 느껴지니 약간 달다 싶을 정도로 만드세요. 셔벗을 얼리면서 서너 번은 긁어줘야 공기가 들어가 부드러워요. 딸기, 키위, 홍시, 커피 등으로 셔벗을 만들어도 좋아요. 요구르트 셔벗에 설탕을 넣고 싶다면 우유에 설탕을 넣고 살짝 끓여 설탕을 녹여 사용하면 돼요.

[유자 셔벗 만들기]

1 물 2컵을 끓여 유자차, 레몬즙, 꿀을 넣고 섞어 한 김 식힌다.

2 넓은 그릇에 부어 2시간 정도 얼려 살얼음이 낄 정도로 얼면 포크로 살살 긁는 과정을 세 번 정도 반복하여 그릇에 담는다.

[요구르트 셔벗 만들기]

3 무가당 플레인 요구르트 1컵+1/2컵, 우유 1컵+1/2컵, 올리고당 1/4컵, 레몬즙 1을 잘 섞는다.

4 넓은 그릇에 부어 2시간 정도 얼려 살얼음이 낄 정도로 얼면 포크로 살살 긁는 과정을 세 번 정도 반복하여 그릇에 담고 꿀을 약간 뿌린다.

1
오미자는 체에 받쳐 깨끗이 씻어 물을 3컵 정도 붓고 하룻밤 우린다.

2
체에 면포를 깔고 부어 오미자는 걸러내고 오미자 우린 물에 나머지 물, 꿀, 설탕시럽을 넣어 섞고 냉장고에서 차갑게 보관한다.

3
배는 얇게 저며 작은 모양틀로 찍어 설탕물에 담가둔다.

4
차갑게 보관한 오미자차에 배와 잣을 띄운다.

오미자 화채

4인분

요리 시간 10분
(오미자 우리는 시간 10시간)

재료
건오미자 50g
물 1.5ℓ
꿀 1/4컵
설탕시럽(설탕:물 = 1:1) 1/2컵
배 1/6개
잣 약간

Cooking Tip
오미자 우린 물에 설탕을 넣어 섞으면 잘 녹지 않으므로 설탕과 물을 1:1로 섞어 살짝 끓인 시럽을 식혀서 사용하세요. 꿀 대신 설탕시럽만 넣어도 돼요. 꿀과 설탕시럽은 취향껏 넣으세요.

65

베리베리 스무디와 망고라씨

4인분

요리 시간 20분

베리베리 스무디 재료
딸기 1컵
블루베리·블랙베리·라즈베리 1컵
우유 2컵
무가당 플레인 요구르트 3/4컵
올리고당 3
레몬즙 1

망고라씨 재료
망고 과육 200g
무가당 플레인 요구르트 1컵+1/4컵
우유 1컵
설탕 2
각얼음 2개

대체 식재료
망고 ▶ 파인애플
무가당 플레인 요구르트
▶ 아이스크림, 생크림

Cooking Tip
라씨(Lassi)는 인도의 전통 음료로 걸쭉한 요구르트인 다히에 물, 소금, 향신료 등을 섞어서 만들어 짠맛이 나는데 최근에는 단맛을 가미한 라씨가 인기가 많아요. 스무디와 라씨를 만들 때 냉동 과일을 사용하면 얼음을 따로 넣지 않아도 돼요. 남은 망고는 손질해서 얼려두면 유용하게 활용할 수 있어요.

[베리베리 스무디 만들기]

1 딸기와 베리류는 냉동 상태를 준비하거나 살짝 얼린다.

2 믹서에 모든 재료를 넣고 곱게 간다.

[망고라씨 만들기]

3 망고는 씨를 피해 세로로 자른 다음 바둑판 모양으로 칼집을 내고 뒤로 젖혀 과육만 바른다.

4 믹서에 모든 재료를 넣고 곱게 간다.

1
오렌지 1개, 레몬, 사과는 굵은 소금으로 껍질을 문질러가며 깨끗하게 씻어 껍질째 얇게 썬다.

2
설탕 1/2컵과 물 1/2컵을 넣고 끓여 시럽을 만들어 한 김 식혀 냉장 보관한다.

3
나머지 오렌지 2개는 즙을 낸다.

4
유리병에 레드 와인, 오렌지 즙, 탄산수, 시럽을 넣어 섞고 오렌지, 레몬, 사과를 넣어 냉장 보관했다가 먹기 직전에 꺼낸다.

샹그리아

4인분

요리 시간 20분

재료
레드 와인 1병(750ml)
오렌지 3개
레몬 1개
사과 1/2개
굵은소금 약간
설탕시럽 1/2컵
탄산수 1컵

대체 식재료
레드 와인 ▶ 화이트 와인

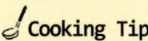 **Cooking Tip**
탄산수 대신 사이다를 사용해도 되는데 이때는 시럽의 양을 줄이세요.

67

딸기 밀크 푸딩

4인분

요리 시간 30분
(굳히는 시간 4시간)

밀크 푸딩 재료
젤라틴 7g
우유 1컵
연유 4

딸기 푸딩 재료
딸기 12개
우유 1컵
연유 6
젤라틴 10g
딸기잼 적당량

대체 식재료
젤라틴 ▶ 한천
딸기잼 ▶ 딸기시럽

Cooking Tip
가루 젤라틴을 사용해도 되는데 판 젤라틴이 구하기 쉬워요. 판 젤라틴은 2장이 약 5g이에요. 젤라틴 대신 식물성 원료인 우뭇가사리로 만든 한천을 이용해도 돼요. 젤라틴은 물이 끓기 직전에 녹으므로 우유를 팔팔 끓이지 않고 살짝 데우는 정도로만 끓이세요.
손님 초대 하루 전에 만들어도 좋고 뚜껑이 있는 유리병에 담아 선물용으로 만들어도 좋아요.

1
젤라틴 7g은 찬물에 5분 이상 담가 부드럽게 불려 물기를 꼭 짜고 우유 1컵에 연유 4를 넣어 잘 섞고 믹서에 장식할 딸기 2개를 제외한 나머지 딸기 10개와 우유 2/3컵, 연유 6을 넣고 곱게 간다.

2
냄비에 밀크 푸딩용으로 갈아둔 연유 우유와 불린 젤라틴을 넣고 젤라틴이 녹을 때까지만 약한 불에서 끓인다.

3
한 김 식으면 유리병에 붓고 냉장고에서 2시간 정도 굳힌다.

4
밀크 푸딩이 굳으면 냄비에 딸기 푸딩용 우유 1/3컵과 젤라틴 10g을 불려 넣고 젤라틴이 녹을 때까지만 끓여 한 김 식힌다. 믹서에 갈아둔 딸기 푸딩과 섞어 밀크 푸딩 위에 붓고 냉장고에서 2시간 정도 굳혀 딸기잼을 얹고 딸기로 장식한다.

INDEX

*가나다순

가
골뱅이무침 ··· 63
관자구이와 파슬리 오일 ··· 58
광어회 카르파치오 ··· 50
기본 피클 ··· 29

다
단호박 꿀범벅 떡구이 ··· 78
단호박 춘권피컵 카나페 ··· 25
닭 봉 간장조림 ··· 32
닭강정 ··· 33
닭고기 잣소스 냉채 ··· 20
데리야키 장어구이 ··· 57
된장 소스 삼겹살구이 ··· 40
두 가지 브루스케타 ··· 16
들깨 닭 칼국수 ··· 72
딸기 밀크 푸딩 ··· 86
떡갈비 ··· 44

라·마
라이스페이퍼롤 ··· 13
마늘 버터 소스 왕새우구이 ··· 51
마리네이드 토마토 ··· 19
마체도니아 ··· 79

망고 드레싱 그린 샐러드 ··· 22
망고라씨 ··· 76
매운 홍합찜 ··· 55
모둠 꼬치구이 ··· 15
미니 갈릭 스테이크 ··· 43
미니 생선가스 볼 ··· 62
미트볼 파스타 ··· 74

바
버섯 블루 치즈 크림 파스타 ··· 75
베리베리 스무디 ··· 84
불고기 ··· 37
비빔소면 ··· 71
비프 나초 ··· 17

사
새우 춘권피 롤튀김 ··· 14
샤브샤브 냉채 ··· 46
샹그리아 ··· 85
쇠고기 볶음우동 ··· 73
쇠고기 편육 ··· 39
쇠고기 화이타 ··· 47
스모크 폭립구이 ··· 41
시저 샐러드 ··· 21

아
아보카도 마 샐러드 ··· 24
아보카도 크랩롤 ··· 69
연근 비트 피클 ··· 29
연근튀김을 얹은 쇠고기롤 ··· 68
연어 새싹채소 초밥 ··· 67
연어 오이롤 ··· 12
오미자 화채 ··· 83
유린기 ··· 35
유자와 요구르트 셔벗 ··· 82

자
중화풍 해산물볶음 ··· 61
지라시 스시 ··· 66
지중해식 샐러드 ··· 23

차
차돌박이구이 ··· 38
참나물무침 ··· 38
참치 다다키 ··· 56
참치 회덮밥 ··· 70
찹스테이크 ··· 42
찹쌀 탕수육 ··· 36
초간단 티라미수 ··· 81

칠리새우 ··· 52

카
콩나물 냉채 ··· 39
크램 차우더 ··· 27
크림새우 ··· 53

타
토마토 카프레제 ··· 18
토마토 해산물 수프 ··· 26
통삼겹살조림 ··· 45

파
파채 매운 깐풍기 ··· 34
팥조림을 얹은 심플 아이스크림 ··· 80

하
해물 누룽지탕 ··· 60
해물 파전 ··· 59
해파리냉채 ··· 54
호박범벅 ··· 28

INDEX

*요리 시간순

~20분
광어회 카르파치오 ··· 50
기본 피클 ··· 29
마리네이드 토마토 ··· 19
망고라씨 ··· 84
베리베리 스무디 ··· 84
샹그리아 ··· 85
연근 비트 피클 ··· 29
오미자 화채 ··· 83
유자와 요구르트 셔벗 ··· 82
참치 회덮밥 ··· 70
초간단 티라미수 ··· 81
토마토 카프레제 ··· 18
팥조림을 얹은 심플 아이스크림 ··· 80

~30분
골뱅이무침 ··· 63
관자구이와 파슬리 오일 ··· 58
딸기 밀크 푸딩 ··· 86

망고 드레싱 그린 샐러드 ··· 22
매운 홍합찜 ··· 55
모둠 꼬치구이 ··· 15
비빔소면 ··· 71
시저 샐러드 ··· 21
아보카도 마 샐러드 ··· 24
연어 새싹채소 초밥 ··· 67
연어 오이롤 ··· 12
지중해식 샐러드 ··· 23
차돌박이구이와 참나물무침 ··· 38
참치 다다키 ··· 56
해파리냉채 ··· 54

~50분
단호박 꿀범벅 떡구이 ··· 78
단호박 춘권피컵 카나페 ··· 25
닭강정 ··· 33
닭고기 잣소스 냉채 ··· 20
된장 소스 삼겹살구이 ··· 40
들깨 닭 칼국수 ··· 72

라이스페이퍼롤 ··· 13
마늘 버터 소스 왕새우구이 ··· 51
마체도니아 ··· 79
미니 생선가스 볼 ··· 62
버섯 블루 치즈 크림 파스타 ··· 75
불고기 ··· 37
비프 나초 ··· 17
새우 춘권피 롤튀김 ··· 14
샤브샤브 냉채 ··· 46
쇠고기 볶음우동 ··· 73
쇠고기 화이타 ··· 47
아보카도 크랩롤 ··· 69
연근튀김을 얹은 쇠고기롤 ··· 68
유린기 ··· 35
중화풍 해산물볶음 ··· 61
찹스테이크 ··· 42
찹쌀 탕수육 ··· 36
칠리새우 ··· 52
크램 차우더 ··· 27
크림새우 ··· 53

해물 누룽지탕 ··· 60
해물 파전 ··· 59

~1시간
닭 봉 간장조림 ··· 32
데리야키 장어구이 ··· 57
두 가지 브루스케타 ··· 16
떡갈비 ··· 44
미니 갈릭 스테이크 ··· 43
미트볼 파스타 ··· 73
쇠고기 편육과 콩나물 냉채 ··· 39
스모크 폭립구이 ··· 41
지라시 스시 ··· 66
토마토 해산물 수프 ··· 26
통삼겹살조림 ··· 45
파채 매운 깐풍기 ··· 34
호박범벅 ··· 28

요리연구가 조소영

요리를 좋아하고 먹을거리와 음식 문화에 관심이 많은 평범한 주부.
대학에서 식품영양학을 전공하고 월간지 〈쿠켄〉에서 음식전문 기자로 일했다.
아내이자 엄마로 살아가는 소소한 일상에서 유독 '밥'의 힘을 중요하게 생각한다는 그녀는
매 끼니 영양가와 맛을 겸비한 건강한 밥상을 뚝딱 차려내는 일에 행복을 느낀다.

결혼 초기부터 코스 요리는 물론 뷔페상까지 거뜬히 차려낸 그녀만의 노하우가 담긴 이 책은
그녀가 새댁이었던 시절부터 시행착오를 겪으며 만들어낸 요리를 담았기에 더욱 공감이 간다.
또 조미료를 배제한 건강한 음식을 지향하고 마트에서 구입할 수 있는 다양한 소스도
적극 활용해 요리에 대한 부담을 줄였다.

집들이, 시댁 어른 상차림 등 손님 초대가 많아 고민인 새댁들의 마음을 담아
정갈하고 심플하면서도 누구에게나 칭찬받을 수 있는 센스 만점의 요리를 소개한다.

만든 요리책으로는 〈우리 아이가 이유식을 시작해요〉가 있다.

http://blog.naver.com/1318mook

손님 초대상
잘 차리게 해주세요

초판 1쇄 | 2014년 9월 22일

지은이 | 조소영

발행인 겸 편집인 | 유철상
편집 | 조경자
사진 | 김영주
디자인 | Luna Design
마케팅 | 조종삼, 남유니

펴낸 곳 | 상상출판
주소 | 서울시 동대문구 정릉천동로 58, 306호(용두동, 롯데캐슬피렌체)
구입·내용 문의 | 전화 070-8886-9892~3 팩스 02-963-9892
이메일 | cs@esangsang.co.kr
등록 | 2009년 9월 22일(제305-2010-02호)
찍은 곳 | 다라니

※ 가격은 뒤표지에 있습니다.

ISBN 978-89-94799-92-6(13590)

© 2014 조소영

※ 이 책은 상상출판이 저작권자와의 계약에 따라 발행한 것이므로
   본사의 서면 허락 없이는 어떠한 형태나 수단으로도 이용하지 못합니다.
※ 잘못된 책은 구입한 곳에서 바꿔드립니다.

www.esangsang.co.kr